Hernandes Dias Lopes
Arival Dias Casimiro

SOFRIMENTO,
O PREÇO DA MISSÃO

Dedicatória

Dedicamos este livro a Conceição Paiva e a seus filhos Jéssica e Ismael Filho, irmãos amados, amigos preciosos, bênção de Deus em nossa vida e em nosso ministério.

© 2016 por Hernandes Dias Lopes &
Arival Dias Casimiro

1ª edição: maio de 2016
2ª reimpressão: março de 2021

REVISÃO
Josemar de Souza Pinto
Priscila M. Porcher

DIAGRAMAÇÃO
Sônia Peticov

CAPA
Maquinaria Studio

EDITOR
Aldo Menezes

COORDENADOR DE PRODUÇÃO
Mauro Terrengui

IMPRESSÃO E ACABAMENTO
Imprensa da Fé

As opiniões, as interpretações e os conceitos emitidos nesta obra são de responsabilidade do autor e não refletem necessariamente o ponto de vista da Hagnos.

Todos os direitos desta edição reservados à
EDITORA HAGNOS LTDA.
Av. Jacinto Júlio, 27
04815-160 — São Paulo, SP
Tel.: (11) 5668-5668

E-mail: hagnos@hagnos.com.br
Home page: www.hagnos.com.br

Dados Internacionais de Catalogação na Publicação (CIP)
Câmara Brasileira do Livro, SP, Brasil

Lopes, Hernandes Dias

Sofrimento, o preço da missão / Hernandes Dias Lopes & Arival Dias Casimiro. — São Paulo: Hagnos, 2016.

ISBN 978-85-243-0518-4

Bibliografia

1. Missões 2. Sofrimento — Aspectos religiosos — Cristianismo 3. Vida cristã I. Título II. Casimiro, Arival Dias.

16-0262   CDD-248.86

Índices para catálogo sistemático:
1. Sofrimento: Aspectos religiosos: Cristianismo 248.86

Editora associada à:

Sumário

Prefácio • 7

Capítulo 1 • 9
A bem-aventurança do sofrimento
Hernandes Dias Lopes

Capítulo 2 • 25
João Batista, o homem que viveu,
sofreu e morreu por suas convicções
Hernandes Dias Lopes

Capítulo 3 • 39
Paulo, o maior bandeirante do cristianismo
Hernandes Dias Lopes

Capítulo 4 • 67
Estêvão, o martírio cristão
Hernandes Dias Lopes

Capítulo 5 • 86
Neemias, Deus quer usar você
Arival Dias Casimiro

Capítulo 6 • 100
Timóteo, sofrendo pelo evangelho
Arival Dias Casimiro

Capítulo 7 • 112
Consolo na tribulação
Arival Dias Casimiro

Capítulo 8 • 125
Pedro, o sofrimento faz parte da missão
Arival Dias Casimiro

Referências bibliográficas • 139

Prefácio

A vida cristã não é indolor. O sofrimento é uma realidade inegável neste mundo, especialmente na vida dos cristãos. O apóstolo Paulo chegou a dizer que *todos quantos querem viver piedosamente em Cristo Jesus serão perseguidos* (2Tm 3.12). Os patriarcas sofreram. Os profetas sofreram, e alguns deles selaram seu testemunho com o seu próprio sangue.

O ministério não acontece à margem do sofrimento. Nem mesmo Jesus, o Filho de Deus, foi poupado do sofrimento. Assim diz a Escritura: *Ele, Jesus, nos dias da sua carne, tendo oferecido, com forte clamor e lágrimas, orações e súplicas a quem o podia livrar da morte e tendo sido ouvido por causa da sua piedade, embora sendo Filho, aprendeu a obediência pelas coisas que sofreu* (Hb 5.7,8).

Os apóstolos sofreram. Na verdade, exceto o apóstolo João, que foi banido para a ilha de Patmos em sua velhice, todos os outros apóstolos foram mortos pelo viés do martírio. O apóstolo Paulo chega a dar o seu testemunho: *Porque a mim me parece que Deus nos pôs a nós, os apóstolos, em último lugar, como se fôssemos condenados à morte; porque nos tornamos espetáculo ao mundo, tanto a anjos, como a homens* [...]. *Até à presente hora, sofremos fome, e sede, e nudez; e somos esbofeteados, e não temos morada certa* [...] *até agora, temos chegado a ser considerados lixo do mundo, escória de todos* (1Co 4.9,11,13). Os pais da igreja padeceram severo sofrimento. Alguns deles foram presos, castigados e tombaram na seara como mártires. Entretanto, açoitados ou queimados vivos, morriam cantando e proclamando sua fé inabalável em Jesus Cristo, o Filho de Deus.

Os pré-reformadores sofreram amargamente. Alguns deles foram perseguidos, como John Wycliffe; outros, queimados vivos, como Jan Hus e Girolamo Savonarola; outros ainda foram esquartejados, como William Tyndale.

Os reformadores também sofreram. Enfrentaram perseguição de toda ordem. Foram difamados, caluniados e acuados tanto política como religiosamente.

Os missionários sofreram e sofrem intensa perseguição, seja nos campos fechados e hostis, seja numa sociedade aberta, mas secularizada. A pregação do verdadeiro evangelho nunca foi popular e jamais o será. Porque o mundo odiou Cristo, também nos odiará. O discípulo não pode ser maior do que o seu Senhor.

O sofrimento é o cardápio do dia do cristão. Não se pode esperar tempos de bonança para cumprir a missão. Antes da coroa, precisamos tomar a cruz. A missão acontece na esteira do sofrimento. A colheita com júbilo é precedida da semeadura com lágrimas. O nosso sofrimento por causa do evangelho não deve nos levar ao desânimo, mas a uma intensa e gloriosa alegria!

Capítulo 1

A bem-aventurança do sofrimento

HERNANDES DIAS LOPES

Não há missão sem sofrimento. O ministério não se desenvolve numa estufa espiritual nem numa bolha de amenidades. O ministério é realizado num mundo caído, cercado de pessoas hostis. Não há ministério indolor. Não há colheita feliz sem semeadura regada de lágrimas.

Vamos começar esta obra olhando para o ensino de Jesus. Mais do que ninguém, ele tratou desse assunto com clareza diáfana. Dentre seus vários ensinamentos sobre o tema, destacaremos a última bem-aventurança, conforme o registro de Mateus.

Para nós, é quase incompreensível associar perseguição com felicidade. Perseguição e felicidade parecem-nos coisas mutuamente excludentes. Esse é o grande paradoxo do cristianismo. Mas Jesus termina as bem-aventuranças dizendo-nos que o mais elevado grau de felicidade está ligado à perseguição. Obviamente não são felizes todos os perseguidos, mas os perseguidos por causa da justiça.[1] Nesse caso, o pacificador é o causador da perseguição.[2]

---

[1] LLOYD-JONES, Martyn. *Estudos no Sermão do Monte*, p. 120.
[2] MACARTHUR JR., John. *O caminho da felicidade*, p. 165.

A nossa religião deve custar para nós as lágrimas do arrependimento e o sangue da perseguição, diz Thomas Watson.[3] A cruz vem antes da coroa. O deserto precede a terra prometida, o sofrimento antecede a glória. Importa-nos entrar no reino por meio de muitas tribulações (At 14.22). Martyn Lloyd-Jones diz que o crente é perseguido por ser um determinado tipo de pessoa e porque se comporta de certa maneira.[4] Porque você é cristão, o mundo o odeia, como odiou a Cristo: *Se o mundo vos odeia, sabei que, primeiro do que a vós outros, me odiou a mim. Se vós fôsseis do mundo, o mundo amaria o que era seu; como, todavia, não sois do mundo, pelo contrário, dele vos escolhi, por isso, o mundo vos odeia* (Jo 15.18,19).

A NATUREZA DA PERSEGUIÇÃO

O mundo ataca sua vida e sua honra. O mundo fere-o com as armas e com a língua. Procura destruir sua vida e também sua reputação. Há duas maneiras de perseguir uma pessoa:

Primeiro, *a perseguição das armas* (Mt 5.10). Ao longo dos séculos, a igreja tem sofrido perseguição. Os crentes foram perseguidos em todos os lugares e em todos os tempos. O apóstolo Paulo é categórico: *todos quantos querem viver piedosamente em Cristo Jesus serão perseguidos* (2Tm 3.12). Depois de ser apedrejado em Listra, Paulo encorajou os novos crentes, dizendo-lhes: [...] *através de muitas tribulações, nos importa entrar no reino de Deus* (At 14.22). Escrevendo aos filipenses, Paulo é enfático: *Porque vos foi concedida a graça de padecerdes por Cristo e não somente de crerdes nele* (Fp 1.29). Os cristãos primitivos foram duramente perseguidos tanto

---

[3] WATSON, Thomas. *The Beatitudes*, 2000, p. 259.
[4] LLOYD-JONES, Martyn. *Estudos no Sermão do Monte*, 1984, p. 119.

A BEM-AVENTURANÇA DO SOFRIMENTO 11

pelos judeus como pelos gentios. Hoje, muitos cristãos ainda são presos, torturados e mortos nos países de regimes fechados e nas nações onde a fé cristã é proibida. A perseguição, porém, jamais destruiu a igreja. O sangue dos mártires ainda tem sido o adubo para fertilizar o seu crescimento. Nenhuma força humana pode deter os passos da igreja. Ela é irresistível. Floresce apesar da dor; cresce apesar da perseguição; vence apesar de toda a oposição do mundo.

Segundo, *a perseguição da língua* (Mt 5.11). O cristão é atacado não apenas pela oposição e pela espada do mundo, mas também pela língua dos ímpios. A língua é como fogo e como veneno; ela mata. É uma espada desembainhada (Sl 55.21). Você pode matar uma pessoa tirando-lhe a vida ou destruindo-lhe o nome. Três são as formas da perseguição pela língua:

Injúria (Mt 5.11). A palavra *oneididzo* significa jogar algo na cara de alguém, maltratar com palavras vis, cruéis e escarnecedoras. Cristo foi acusado de ser beberrão e endemoninhado. Pesaram sobre os cristãos muitas coisas horrendas. Foram chamados de canibais, imorais, incendiários, rebeldes, ateus. Chamaram Paulo de tagarela, impostor e de falso apóstolo.

Mentira (Mt 5.11). A arma do Diabo é a mentira. A mentira é a negação, a ocultação e a alteração da verdade. Chamaram Jesus de beberrão, possesso e de filho ilegítimo. O cristão é abençoado por Deus e amaldiçoado pelo mundo.

Maledicência (Mt 5.11). Os cristãos são alvos da maledicência. É a inimizade da serpente contra a semente sagrada. A língua é fogo e veneno. Ela tem uma capacidade avassaladora para destruir. É como uma fagulha numa floresta. Provoca destruição total. Ela é como veneno que mata rapidamente. É notório que as pessoas mais piedosas são as mais hostilizadas pelo mundo. Quanto mais perto de Deus andarmos, mais o mundo vai nos odiar. Quanto mais refletirmos o caráter de Cristo em nossa vida, mais o mundo vai nos perseguir. O mundo odeia Cristo em nós.

A CAUSA DA PERSEGUIÇÃO

Várias são as causas da perseguição contra os cristãos. Alguns pontos, porém, precisam ser observados:

Primeiro, por que um cristão não deve sofrer? *Um cristão não deve sofrer como malfeitor.* O apóstolo Pedro disse: *Não sofra, porém, nenhum de vós como assassino, ou ladrão, ou malfeitor, ou como quem se intromete em negócios de outrem* (1Pe 4.15). Hoje a igreja evangélica está sendo motivo de chacota pela sua falta de integridade. A igreja cresce, mas a vida dos crentes não muda. Ser crente hoje não é sinônimo de ser íntegro, verdadeiro. Multiplicam-se os escândalos daqueles que se dizem cristãos. A igreja evangélica está sendo mais conhecida na mídia pelos seus escândalos do que por sua piedade. Em recente pesquisa feita no Brasil, constatou-se que as três classes mais desacreditadas são os políticos, a polícia e os pastores. Há muitos líderes inescrupulosos que usam o púlpito para enganar os incautos com um falso evangelho a fim de se abastecerem da lã das ovelhas.

Um cristão não deve sofrer pelas suas próprias ofensas. Davi sofreu porque desobedeceu a Deus. Adulterou com Bate-Seba e mandou matar seu marido. Ele atraiu tragédia sobre a sua própria cabeça. O ladrão na cruz admitiu: *Nós, na verdade, com justiça, porque recebemos o castigo que os nossos atos merecem* (Lc 23.41). Muitas pessoas são como Saul: sofrem pelos problemas gerados por elas mesmas. Elas se lançam sobre sua própria espada. Tiram a própria vida. Quando um cristão peca, seus pecados são mais graves, mais hipócritas e mais danosos do que os pecados das demais pessoas. Isso porque o cristão peca contra um maior conhecimento; o cristão denuncia o pecado em público e, algumas vezes, o comete em secreto; quando um cristão cai, mais pessoas são atingidas.

Um cristão não deve sofrer para ganhar notoriedade. Paulo diz que ainda que um homem doasse todos os seus bens e entregasse seu corpo para ser queimado, isso nada valeria sem a motivação correta, que é o amor (1Co 13.1-3). Alguém pode sacrificar a própria vida para adquirir fama, mas isso não vale nada aos olhos de Deus. Quando um homem deseja ficar rico, cai em muitas ciladas e tribulações e açoita a si mesmo com muitos flagelos.

Segundo, quem são os perseguidos? A perseguição no versículo 10 é generalizada: *Bem-aventurados os perseguidos por causa da justiça, porque deles é o reino dos céus*, enquanto no versículo 11 é personalizada: *Bem-aventurados sois quando, por minha causa, vos injuriarem, e vos perseguirem, e, mentindo, disserem todo mal contra vós.*[5] Ambos os versículos, porém, falam do mesmo grupo. Quem são? São os mesmos descritos nos versículos 3 a 9: os humildes, os que choram, os mansos, os que têm fome e sede de justiça, os misericordiosos, os limpos de coração e os pacificadores.

Os apóstolos de Cristo foram perseguidos de forma implacável. André, irmão de Pedro, foi amarrado na cruz para ter morte lenta. Pedro ficou preso nove meses e depois foi crucificado de cabeça para baixo. Paulo foi decapitado por Nero. Tiago foi passado ao fio da espada por ordem de Herodes Agripa II. Mateus, Bartolomeu e Tomé foram martirizados. João foi deportado para a ilha de Patmos. Os apóstolos eram considerados o lixo do mundo, a escória de todos.

---

[5] MacArthur Jr., John. *O caminho da felicidade*, p. 168.

14 SOFRIMENTO, O PREÇO DA MISSÃO

John MacArthur diz que hoje estamos fabricando celebridades tão rápido como o mundo.[6] Hoje os crentes querem ser estrelas e gostam do sucesso, das coisas espetaculares. Hoje as pessoas apresentariam Paulo assim: Formado na Universidade de Gamaliel, poliglota, amigo pessoal de muitos reis, maior plantador de igrejas do mundo, maior evangelista do século, dado por morto, arrebatado ao céu. Mas quais as credenciais que Paulo dá de si mesmo? Ouçamo-lo:

> *São ministros de Cristo? (Falo como fora de mim.) Eu ainda mais: em trabalhos, muito mais; muito mais em prisões; em açoites, sem medida; em perigos de morte, muitas vezes. Cinco vezes recebi dos judeus uma quarentena de açoites menos um; fui três vezes fustigado com varas; uma vez, apedrejado; em naufrágio, três vezes; uma noite e um dia passei na voragem do mar; em jornadas, muitas vezes; em perigos de rios, em perigos de salteadores, em perigos entre patrícios, em perigos entre gentios, em perigos na cidade, em perigos no deserto, em perigos no mar, em perigos entre falsos irmãos; em trabalhos e fadigas, em vigílias, muitas vezes; em fome e sede, em jejuns, muitas vezes; em frio e nudez. Além das coisas exteriores, há o que pesa sobre mim diariamente, a preocupação com todas as igrejas* (2Co 11.23-28).

Terceiro, quando sofrer é uma bem-aventurança? *Quando sofremos por causa da justiça* (Mt 5.10). Alguns tomam a iniciativa de opor-se a nós não por causa dos nossos erros, mas porque não gostam da justiça da qual temos fome e sede. A perseguição é simplesmente o conflito entre dois sistemas de

[6] Ibid., p. 189.

A BEM-AVENTURANÇA DO SOFRIMENTO   15

valores irreconciliáveis. Sofrer pelo erro não é bem-aventurança, mas vergonha e derrota. Sofrer pelo erro é punição e castigo, não felicidade. Sofrer porque foi flagrado no erro não é ser
bem-aventurado. Um aluno não é feliz ao receber nota zero
por ter sido flagrado na prática da cola. Um funcionário não é
feliz ao ser demitido por negligência. Um cristão não é feliz ao
ser perseguido por ter transgredido a lei. Os crentes de Tiati-
ra sofreram financeiramente por não participar dos sindicatos
comerciais que tinham suas divindades padroeiras. Os crentes
sofriam porque quando se convertiam eram desprezados pelos outros membros da família. Ainda hoje, em alguns países
muçulmanos, quando alguém se converte a Cristo, é deserda-
do pela família e sofre terríveis sanções.

Quando sofremos por causa de nosso relacionamento com
Cristo (Mt 5.11). O mundo não odeia o cristão, mas odeia a
justiça, odeia Cristo nele.[7] Não é a nós que o mundo odeia
primariamente, mas a verdade que representamos. O mundo
está contra Cristo, é a ele que o mundo ainda está tentando
matar. O mundo odiou Jesus e o levou à cruz. Assim, quando
o mundo vê Cristo em sua vida, em suas atitudes, ele também
o odeia. Às vezes, essa perseguição promovida pela língua não
procede apenas do mundo pagão, mas dos próprios religiosos:
Jesus foi mais duramente perseguido pelos fariseus, escribas e
sacerdotes do que pelos pagãos romanos. A religião apóstata
tornou-se o braço do anticristo.

Vejamos, por exemplo, a perseguição na igreja primitiva.
A igreja primitiva foi implacavelmente perseguida. Os crentes
foram expulsos de Jerusalém e espalhados pelo mundo. Nero
iniciou uma sangrenta perseguição contra a igreja. Alguns

---

[7] Ibid., p. 190.

crentes eram lançados aos leões esfaimados da Líbia. Outros eram queimados nas fogueiras. Os crentes eram untados com resina e depois incendiados vivos para iluminar os jardins de Roma. Alguns crentes eram enrolados em peles de animais para os cães de caça morderem. Outros eram torturados e esfolados vivos. Chumbo fundido era derramado sobre eles. Placas de latão em brasa eram fixadas nas partes mais frágeis do corpo. Partes do corpo eram cortadas e assadas diante dos seus olhos.[8]

O Império Romano tinha uma grande preocupação com sua unificação. Na época de Cristo, o Império Romano tinha seu domínio estendido desde as Ilhas Britânicas até o rio Eufrates. Desde o norte da Alemanha até o norte da África.[9] Roma era adorada como deusa. Depois, o imperador passou a personificar Roma. Os imperadores passaram a ser chamados "Senhor e Deus". O culto ao imperador tornou-se o grande elo da unificação política de Roma. Era obrigatório uma vez por ano todos os súditos do império queimarem incenso ao deus imperador num templo romano. Todos deviam dizer "César é o Senhor". Mas os cristãos se recusavam e eram considerados revolucionários, traidores e ilegais. Por isso, eram presos, torturados e mortos.[10] John MacArthur coloca esse fato assim:

> Era obrigatório que, uma vez por ano, todas as pessoas no império romano queimassem incenso para César e dissessem: "César é o Senhor". Quando alguém acendia seu incenso, recebia um certificado chamado *libelo*. Tendo recebido esse certificado, ele poderia adorar qualquer deus que quisesse.

---

[8] BARCLAY, William. *Mateo I*, vol. 1, p. 122.
[9] MACARTHUR JR., John. *O caminho da felicidade*, p. 175.
[10] BARCLAY, William. *Mateo I*, vol. 1, p. 124.

A BEM-AVENTURANÇA DO SOFRIMENTO

17

Os romanos queriam, em primeiro lugar, apenas se certificar de que todos convergiam para um ponto comum: César. Os cristãos não declaravam outra coisa senão "Jesus é o Senhor", por isso nunca recebiam o *libelo*. Consequentemente, estavam sempre cultuando a Deus de maneira ilegal.[11]

Vejamos, agora, as perseguições religiosas ao longo dos séculos. Os crentes foram perseguidos pela intolerância e pela inquisição religiosa. Alguns pré-reformadores foram queimados vivos, como Jan Hus e Girolamo Savonarola. John Wycliffe, enquanto trabalhava na tradução da Bíblia para o inglês, precisou fugir e se esconder. Lutero ficou trancado num mosteiro. William Tyndale foi esquartejado. Os calvinistas franceses, chamados de huguenotes, foram perseguidos e assassinados na França, com crueldade indescritível. Foram caçados, torturados, presos e mortos com desumanidade. A partir de 1559, o governo francês caiu nas mãos de Catarina de Médici, que, educada na escola maquiavélica, estava disposta a sacrificar a vida dos súditos para alcançar a realização de suas ambições políticas. Na fatídica Noite de São Bartolomeu, 24 de agosto de 1572, dezenas de milhares de crentes franceses foram esmagados e mortos numa emboscada. Rios de sangue jorraram de homens e mulheres que ousaram crer em Cristo e professar sua fé no Salvador. Ao tomar conhecimento do massacre da Noite de São Bartolomeu, o rei da Espanha, Felipe II, genro de Catarina de Médici, encorajou a sua sogra a agir ainda com maior despotismo e violência, buscando exterminar os huguenotes da França e assim varrer todo vestígio do protestantismo naquela terra.[12]

[11] MacArthur Jr., John. Op. cit., p. 175.
[12] Lopes, Hernandes Dias. *Panorama da história da igreja*, p. 78-79.

Na Inglaterra, Maria Tudor ascendeu ao trono em 1553 e governou até 1558. Essa rainha matou tantos crentes que isso lhe valeu a alcunha de "Maria, a Sanguinária". Ela levou à estaca os líderes cristãos e passou ao fio da espada milhares de crentes. O comunismo ateu e o nazismo nacionalista levaram milhões de crentes ao martírio no século 20. Na Coreia do Norte, na China e nos países comunistas e islâmicos, ainda hoje os crentes são presos, torturados e mortos.

A FORMA COMO DEVEMOS ENFRENTAR ESSA PERSEGUIÇÃO

A igreja não deve estranhar o fogo da perseguição. A amizade do mundo é pior do que a perseguição do mundo. Sempre que a igreja estiver vivendo piedosamente, ela será perseguida pelo mundo. Portanto, é preciso observar com cuidado como devemos reagir à perseguição. Como devemos enfrentá-la?

Primeiro, *com profunda alegria*. Não devemos buscar a vingança como o incrédulo, nem ficar de mau humor como uma criança embirrada, nem ficar lambendo nossa própria ferida cheios de autopiedade, nem negar a dor como um estoico, muito menos gostar de sofrer como um masoquista. As palavras que Jesus usa descrevem uma alegria intensa, maiúscula, superlativa, absoluta. A palavra "exultai", *agalliasthe,* significa saltar, pular, gritar de alegria.[13] É alguém que pula de alegria, que exulta com alegria indizível e cheia de glória. O cristão não é um masoquista — ele não tem prazer em sofrer. Ele não se alegra pela perseguição de que é alvo ou pelo próprio mal que está recebendo. O cristão exulta pelo significado dessa

---

[13] MacArthur Jr., John. *O caminho da felicidade*, p. 194.

A BEM-AVENTURANÇA DO SOFRIMENTO   19

perseguição e por suas recompensas. Quando o sangue dos mártires tinge a terra, as resistências caem, a semente floresce e os frutos dignos de arrependimento aparecem. O sofrimento da igreja pelo mundo traz mais resultados para o reino de Deus do que a conformação da igreja com o mundo. Segundo, *com uma paciência triunfante*. Os profetas sofreram e jamais se exasperaram. Jamais buscaram vingança. Jamais feriram aqueles que lhes feriam a face. Eles se entregaram a Deus. Triunfaram pela paciência. Confiaram que Deus estava no controle, mesmo quando o mal parecia triunfar. Os mártires, mesmo sendo jogados às feras ou queimando numa estaca, morriam cantando. É claro que essa força não era deles mesmos. Deus jamais permite que sejamos provados acima de nossas forças. Às vezes, Deus livra seu povo da morte; outras vezes, livra seu povo na morte. A morte para os cristãos não é um fracasso, mas um triunfo; não é uma derrota, mas uma retumbante vitória.

Terceiro, *com um profundo discernimento espiritual*. Thomas Watson diz que a perseguição é a pedra de esquina da sinceridade. Ela distingue o verdadeiro crente do hipócrita. O hipócrita floresce na prosperidade, mas é sufocado pela perseguição (Mt 13.20,21). Um hipócrita não consegue navegar em mares tempestuosos. Ele irá seguir Cristo ao monte das Oliveiras, mas não ao monte Calvário.[14] O verdadeiro crente carrega Cristo no coração e a cruz nos ombros.[15] Cristo e sua cruz jamais podem ser separados. Jesus disse que no mundo teríamos aflições (Jo 16.33). Jamais deveríamos esperar amenidades na realização do ministério. Jamais deveríamos buscar os aplausos do mundo. Jamais deveríamos nos conformar

[14] WATSON, Thomas. *The Beatitudes*, p. 262.
[15] Ibid., p. 269.

com a amizade do mundo. Andar com Cristo é remar contra a maré. É seguir pelo caminho estreito da renúncia. É abraçar valores que o mundo odeia. É defender princípios que o mundo rejeita. É pregar a mensagem que o mundo considera loucura e escândalo.

A RECOMPENSA DIVINA DA PERSEGUIÇÃO

Se o mundo amaldiçoa os cristãos, Deus os chama de bem-aventurados. Na mesma medida em que o mundo impõe aos cristãos sofrimento, Deus derrama sobre eles indizível alegria. Quais são as recompensas divinas aos perseguidos por causa da justiça?

Primeiro, *uma felicidade superlativa* (Mt 5.10,11). A palavra *macarioi* descreve uma felicidade plena, copiosa, superlativa, eterna. Essa felicidade não é circunstancial. Ela não depende do que acontece à nossa volta. Ela vem do alto. Está dentro de nós. Vejamos o que Tiago diz para o povo perseguido na Diáspora: *Meus irmãos, tende por motivo de toda alegria o passardes por várias provações* (Tg 1.2). Jesus parabeniza aqueles que o mundo mais despreza e chama de bem-aventurados aqueles que o mundo persegue.

Por que os perseguidos são felizes? William Barclay aponta por que ser perseguido é motivo de alegria:[16]

Por ser uma oportunidade para demonstrar lealdade a Cristo. Quando Policarpo, bispo de Esmirna, foi preso e sentenciado à morte por causa da sua fé em Cristo, ofereceram a ele a oportunidade de negar Cristo e adorar César. Ele respondeu corajosamente: "Durante 86 anos tenho servido a Cristo, e ele nunca me fez mal. Como posso agora blasfemar de meu Rei

---

[16] BARCLAY, William. *Mateo I*, vol. 1, p. 125-128.

A BEM-AVENTURANÇA DO SOFRIMENTO   21

e Senhor?" Não há mais vigoroso testemunho do evangelho do que permanecer fiel até a morte, ou seja, preferir a morte à apostasia.

Por ser uma contribuição para o bem daqueles que vêm depois de nós. Hoje desfrutamos liberdade e paz porque homens e mulheres do passado sofreram e pagaram um alto preço. Hoje desfrutamos liberdade e paz porque houve homens e mulheres que no passado estiveram dispostos a conquistá-las para nós a preço de seu sangue, suor e lágrimas.[17] Martin Luther King Jr. tombou como mártir, mas sua causa triunfou, e hoje a segregação racial é um crime em seu país. William Wilberforce lutou pela libertação dos escravos. Alguns dias antes de ele morrer, a lei que colocava fim à escravidão na Inglaterra foi sancionada.

Segundo, *a posse de um reino glorioso* (Mt 5.10). Essa última bem-aventurança termina como começou a primeira. Os perseguidos por causa da justiça recebem o reino dos céus. Aqui eles podem perder os bens, o nome e a vida, mas recebem um reino eterno, glorioso, para sempre. Os sofrimentos do tempo presente não são para comparar com as glórias a serem reveladas em nós (Rm 8.18). Os perseguidos podem ser jogados numa prisão, podem ser torturados, podem ser martirizados, mas recebem uma herança incorruptível e gloriosa. Eles são filhos e herdeiros. Um dia ouvirão Jesus dizer: *Vinde, benditos de meu Pai! Entrai na posse do reino que vos está preparado desde a fundação do mundo* (Mt 25.34).

Terceiro, *a certeza de que a recompensa final não é nesta vida* (Mt 5.12). O mundo odeia pensar no futuro. O ímpio detesta pensar na eternidade. Ele tem medo de pensar na morte,

---

[17] Ibid., p. 126.

mas o cristão sabe que sua recompensa está no futuro. Ele olha para a frente e sabe que tem o céu. Sabe que tem a coroa. Disse Paulo, na antessala do martírio: *Quanto a mim, estou sendo já oferecido por libação, e o tempo da minha partida é chegado* [...]. *Já agora a coroa da justiça me está guardada* (2Tm 4.6,8). O crente sabe que lhe espera um grande galardão. Podemos perder tudo aqui na terra, mas herdaremos tudo nos céus. A Bíblia diz que aguardamos a cidade celestial (Hb 11.10). Crisóstomo, um grande cristão do século 5, foi preso e chamado diante do imperador Arcadius por pregar a palavra. O imperador ameaçou desterrá-lo, e Crisóstomo declarou: "Majestade, não podes me banir, pois o mundo é a casa do meu Pai". "Então, terei de matá-lo", disse o imperador, ao que Crisóstomo retrucou: "Não podes, pois minha vida está escondida com Cristo em Deus". O imperador então disse: "Seus bens serão confiscados". Crisóstomo argumentou: "Majestade, isso não será possível. Meus tesouros estão nos céus". "Eu o afastarei dos homens e não terá amigos", ameaçou o rei. "Isso não podes fazer", respondeu Crisóstomo, "porque tenho um amigo nos céus que disse: 'De maneira alguma te deixarei, jamais o abandonarei'".[18] Oh, bendita segurança!

Quarto, *a convicção de que é seguidor de uma bendita estirpe* (Mt 5.12). Quando você estiver sendo perseguido por causa da justiça e por causa de Cristo, saiba que não está sozinho nessa arena, nessa fornalha, nesse campo juncado de espinhos. Adiante de você marchou um glorioso exército de profetas de Deus. A perseguição é um sinal de genuinidade, um certificado de autenticidade cristã, *pois assim perseguiram aos profetas que viveram antes de vós*. Se somos perseguidos

[18] MacArthur Jr., John. *O caminho da felicidade*, p. 197-198.

hoje, pertencemos a uma nobre sucessão. Os ferimentos são como medalhas de honra para o cristão. Jesus disse: *Ai de vós, quando todos vos louvarem!* (Lc 6.26). Dietrich Bonhoeffer, executado no campo de concentração nazista de Flossenburg por ordem de Heinrich Himmler, em abril de 1945, disse que o sofrimento é uma das características dos seguidores de Cristo. Isso prova que você é um crente verdadeiro, uma pessoa salva. Isso prova que verdadeiramente você está acompanhado por uma nuvem de testemunhas da mais alta estirpe espiritual. Quando você é perseguido, isso significa que pertence à linhagem dos profetas.

Vejamos algumas considerações finais sobre essa bem-aventurança:

Primeiro, precisamos considerar por quem sofremos. Muitas pessoas sofrem por seus pecados, por sua luxúria, por seus prazeres, por seus bens materiais. Não deveríamos nós ter disposição para sofrer por Cristo? Se um homem é capaz de sofrer pelos seus pecados que o levam à morte, não deveríamos sofrer por Cristo que nos deu a vida?

Segundo, precisamos considerar que sofrer por Cristo é uma honra. Os apóstolos, depois de serem açoitados pelo Sinédrio, saíram regozijando-se por terem sido considerados dignos de sofrer afrontas por causa de Cristo (At 5.41). Os discípulos aspiravam a um reino temporal (At 1.6), mas Cristo lhes disse que eles seriam testemunhas (mártires) a levarem seu testemunho até os confins da terra (At 1.8). Sofrer por Cristo é mais honroso do que ter um reino sobre a terra.

Terceiro, precisamos considerar o que Cristo suportou por nós. Toda a vida de Cristo foi uma vida de sofrimento. Você é pobre? Também Cristo foi. Ele não tinha onde reclinar a cabeça. Você está cercado de inimigos? Também Cristo esteve.

Pedro disse: *porque verdadeiramente se ajuntaram nesta cidade contra o teu santo Servo Jesus, ao qual ungiste, Herodes e Pôncio Pilatos, com gentios e gente de Israel* (At 4.27). Você tem sido traído pelos amigos? Também Cristo o foi. *Judas, com um beijo trais o Filho do Homem?* (Lc 22.48). Você tem sido acusado injustamente? Também Cristo o foi: acusaram Jesus de insurgir contra a lei, contra o templo, contra César. Acusaram-no de expulsar demônios pelo poder de Belzebu. Você tem sido ultrajado com escárnio? Também Jesus o foi: ele foi preso, espancado, cuspido, pregado na cruz.

Precisamos considerar que o nosso sofrimento aqui é leve e momentâneo quando visto à luz da recompensa eterna. Paulo diz que *a nossa leve e momentânea tribulação produz para nós eterno peso de glória* (2Co 4.17). [...] *os sofrimentos do tempo presente não podem ser comparados com a glória a ser revelada em nós* (Rm 8.18). Somos bem-aventurados!

Precisamos ter a convicção de que a perseguição e o sofrimento jamais poderão nos separar do amor de Deus. O apóstolo Paulo exulta em Deus e pergunta cheio de entusiasmo:

> *Quem nos separará do amor de Cristo? Será tribulação, ou angústia, ou perseguição, ou fome, ou nudez, ou perigo, ou espada?* [...] *Em todas estas coisas, porém, somos mais que vencedores, por meio daquele que nos amou. Porque eu estou bem certo de que nem a morte, nem a vida, nem os anjos, nem os principados, nem as coisas do presente, nem do porvir, nem os poderes, nem a altura, nem a profundidade, nem qualquer outra criatura poderá separar-nos do amor de Deus, que está em Cristo Jesus, nosso Senhor* (Rm 8.35,37-39).

Capítulo 2

João Batista, o homem que viveu, sofreu e morreu por suas convicções

HERNANDES DIAS LOPES

Jesus fez um dos mais altos elogios ao seu precursor, João Batista: *E eu vos digo: entre os nascidos de mulher, ninguém é maior do que João* (Lc 7.28). Jesus não tem uma mera opinião dentre muitas; ele tem a palavra final.

João Batista nasceu numa família pobre, foi um homem pobre e jamais ostentou riqueza ou poder. Sendo o maior homem, não se vestia de forma elegante, ostentando grifes famosas, mas vestia-se com peles de camelo e com um cinto de couro (Mt 3.4). O maior homem entre os nascidos de mulher não era dado a banquetes requintados, com talheres de prata e taças de cristal, mas alimentava-se de gafanhotos e mel silvestre (Mt 3.4). O maior homem entre os nascidos de mulher não vivia nos palácios, embriagado de vaidade, debaixo dos holofotes do poder, circulando pelos cobiçados corredores da fama, mas vivia no deserto inóspito da Judeia: *O menino crescia e se fortalecia em espírito. E viveu nos desertos até ao dia em que havia de manifestar-se a Israel* (Lc 1.80).

João Batista não escreveu sequer um livro, não realizou nenhum milagre, não se casou nem teve filhos. Passou seus últimos dias numa cadeia e morreu jovem sem deixar herança. Esses traços da sua biografia empurrariam João Batista para a lateral da fama em nosso mundo embriagado pelo sucesso. Ele seria considerado um homem esquisito, antissocial e avesso aos refinados hábitos sociais. Se João Batista vivesse hoje, seria combatido severamente pelos religiosos em razão de seu estilo direto e contundente de abordar seus ouvintes. Chamar os ouvintes de "raça de víboras" seria enterrar a carreira de pregador. Hoje queremos muito mais agradar aos homens do que honrar a Deus. Queremos ser mais populares do que fiéis. Queremos mais arrancar aplausos dos homens do que conduzi-los ao arrependimento. João Batista não era um alfaiate do efêmero, mas um escultor do eterno. Ele não perdia tempo com banalidades nem fazia da sua pregação um entretenimento para seu auditório.

A PREGAÇÃO DE JOÃO BATISTA

Três fatos merecem atenção em relação à pregação de João Batista:

Primeiro, *João Batista foi um homem com uma missão clara. Voz do que clama no deserto: Preparai o caminho do Senhor, endireitai as suas veredas* (Lc 3.4). João Batista não era um eco; ele era uma voz. Ele não apenas proferia a verdade; era boca de Deus. Ele não apenas pregava com eloquência humana, mas sobretudo com poder divino. Sua vida era irrepreensível, suas palavras, irresistíveis, e suas obras, irrefutáveis. Hoje há muitas palavras no púlpito, mas pouco poder. As pessoas escutam de nós belos discursos, mas não veem em nós vida piedosa. A mensagem de João Batista era clara e direta. Ele não era um homem instável nem se dobrava diante de pressões ou ameaças. Não era um caniço agitado pelo vento (Mt 11.7-11). Não se intimidava diante dos poderosos nem fugia da sua rota movido pela sedução. Hoje estamos vendo muitos líderes vendendo seu ministério, negociando valores absolutos, mercadejando o evangelho. João não transigia com a verdade. Ele denunciava o pecado no palácio e na choupana. Ele erguia sua voz contra os pecados do rei, dos religiosos, dos soldados e do povo. João Batista era como uma lâmpada que ardia e alumiava (Jo 1.6-9). Ele não era a luz, mas era como uma vela que ardia com a mesma intensidade durante toda a sua vida.

Segundo, *João Batista foi um homem com uma mensagem contundente. Produzi, pois, frutos dignos de arrependimento* (Lc 3.8). A palavra que João Batista pregou era palavra de Deus, não palavras de homens. Depois de mais de quatrocentos anos de silêncio profético, a palavra de Deus veio a ele (Lc 3.2), e João Batista apareceu pregando o arrependimento. A nação havia se desviado de Deus. A religião estava corrompida. O palácio estava de mãos dadas com a violência. A economia estava abalada, e os exploradores tornaram a vida dos pobres ainda mais amarga. Os soldados exorbitavam em seu trabalho, extorquindo pessoas indefesas, recebendo propinas para não fazerem denúncias falsas. A religião estava nas mãos de uma classe sacerdotal rendida ao liberalismo teológico e à ganância financeira. Os fariseus, na tentativa de resgatar a ortodoxia, perderam-se numa infinidade de regras mesquinhas e hipócritas. A tessitura moral da nação estava rota. O jugo estrangeiro fazia gemer o povo, que tinha de entregar o melhor do seu trabalho aos seus opressores. A pobreza estendia seus tentáculos às famílias desesperadas. A fome assolava uma população desprovida de esperança. É nesse viés que João

Batista entra com uma contundente e poderosa mensagem de arrependimento. A mensagem de arrependimento nunca foi e jamais será uma mensagem palatável. Mas João Batista não queria agradar a homens, e sim a Deus.

Os tempos são outros, mas o homem é o mesmo. Nossa nação está vivendo um tempo de crise sem precedentes. Estamos de luto. Nossas instituições estão enfermas. A corrupção ataca os palácios, as casas legislativas e o poder judiciário. A corrupção em nossa terra é aguda, agônica, endêmica e sistêmica.

Terceiro, *João foi um homem com uma convicção inabalável. E também já está posto o machado à raiz das árvores; toda árvore, pois, que não produz bom fruto é cortada e lançada ao fogo* (Lc 3.9). A mensagem de João Batista era arrependimento e vida ou não arrependimento e morte. Sua mensagem trazia salvação ou condenação. Sua mensagem era um apelo urgente a todos. O apelo de Deus alcança as multidões, os religiosos, os soldados e os publicanos. Deus abrange todos com sua mensagem. O machado já está posto à raiz das árvores. Não dá mais para esperar. O tempo é agora. Deus espera os frutos do arrependimento agora mesmo. A mensagem de Deus mostra o juízo inevitável para quem deixa de se arrepender (Lc 3.7,8). A proposta de Deus não é arrependimento e novamente arrependimento, mas arrependimento e frutos de arrependimento.

AS CREDENCIAIS DE JOÃO BATISTA

Podemos resumir a vida do precursor do Messias em três pontos importantes:

Primeiro, *João Batista foi um homem cheio do Espírito Santo*. A palavra de Deus é clara a esse respeito: [...] *será cheio do Espírito Santo, já do ventre materno* (Lc 1.15). João Batista não viveu na força da carne, mas na unção e no poder do Espírito. O poder que tinha para viver e pregar não procedia da terra, mas emanava do céu. Sua força não era procedente do braço humano, mas do poder do Altíssimo. João Batista se fortalecia no Espírito (Lc 1.80). Ele nasceu, viveu e morreu no poder do Espírito. Hoje precisamos desesperadamente de homens cheios do Espírito. De homens que falem no poder do Espírito. De homens que dependam mais do poder de Deus do que das habilidades humanas. Vivemos no reinado do pragmatismo. Buscamos resultados imediatos. Adoramos nossas próprias técnicas e recursos. Criamos mecanismos sofisticados para atrair o povo. Damos a ele o que quer, não o que precisa. Fazemos cócegas nos ouvidos das pessoas, em vez de feri-las com a verdade. Preferimos seus aplausos a seu arrependimento. Estamos cheios de nós mesmos e vazios de Deus.

Os resultados estupendos que João Batista experimentou em sua pregação só podem ser explicados à luz dessa verdade. Ele viveu num tempo de crise política, social, moral e espiritual (Lc 3.1,2), em que as autoridades políticas e religiosas estavam corrompidas e entregues à ganância e à corrupção moral. João viveu num tempo de sequidão espiritual. A classe sacerdotal estava corrompida teologicamente e rendida à ganância. A classe política estava dominada por uma elite de caráter repreensível. O povo estava vivendo debaixo de opressão, e nessa plataforma de pobreza não faltavam os exploradores e os opressores. Foi nesse deserto de hostilidades que João Batista exerceu seu ministério.

João Batista foi um pregador incansável (Lc 3.3). Ele percorreu toda a circunvizinhança do Jordão. As multidões vinham a ele para ouvir a palavra (Lc 3.7). Mateus diz que *saíam a ter com ele Jerusalém, toda a Judeia e toda a circunvizinhança do Jordão* (Mt 3.5). As multidões deixavam Jerusalém, o templo, os rituais, os sacerdotes e todo o aparato religioso para ouvir sua pregação no deserto.

Os resultados da sua pregação eram estupendos: *e eram por ele batizados no rio Jordão, confessando os seus pecados* (Mt 3.6). Quando João pregava, os corações se derretiam. Ele não pregava para entreter nem para agradar. Sua mensagem era de arrependimento. Ele pregava sobre o juízo de Deus e a necessidade de fugir da ira vindoura.

Qual é a maior evidência de uma pessoa cheia do Espírito Santo? Uma vida cristocêntrica! O Espírito veio ao mundo para exaltar Jesus. João Batista, por ser cheio do Espírito Santo desde o ventre materno alegrou-se em Jesus mesmo antes de nascer (Lc 1.44). João Batista não chamou a atenção para si, mas apontou para Jesus como o Cordeiro de Deus, que tira o pecado do mundo (Jo 1.29). Precisamos de homens que estremeçam de alegria na presença de Deus e que apontem Jesus como o único que pode nos reconciliar com Deus! Sem o poder do Espírito Santo, não há pregação. Só o Espírito Santo tem poder de aplicar a palavra, convencer os corações e convertê-los a Deus.

Segundo, *João Batista foi reconhecidamente humilde.* Quando seus discípulos ficaram com ciúmes, ao verem o crescimento de Jesus, João Batista proclamou: *Convém que ele cresça e que eu diminua* (Jo 3.30). Vejamos alguns sinais dessa humildade.

Ele reconheceu que não era digno de desatar as correias das sandálias de Jesus. João Batista pregava às margens do Jordão para grandes multidões. O povo afluía para ouvi-lo de todos os lados. Ele era um pregador que atraía as massas. Sua eloquência era poderosa. Sua personalidade era forte, suas palavras eram candentes, mas seu coração era humilde. A pregação de

João Batista não era de autoelogio. Antes, ele pregava e dizia: *Após mim vem aquele que é mais poderoso do que eu, do qual não sou digno de, curvando-me, desatar-lhe as correias das sandálias* (Mc 1.7). Hoje há muitos pregadores arrogantes, que gostam das luzes da ribalta, que se deliciam com os holofotes e se embriagam com o *glamour* do sucesso. Vivemos hoje a infelicidade da tietagem no meio evangélico. Pregadores e cantores que agem como se fossem astros de cinema. É preciso gritar aos quatro cantos da terra: Deus não divide sua glória com ninguém! Toda glória dada ao homem é glória vazia; é vanglória.

Ele reconheceu que o batismo de Jesus era mais importante que o seu. João Batista disse para a multidão que vinha a ele no Jordão: *Eu vos tenho batizado com água; ele, porém, vos batizará com o Espírito Santo* (Mc 1.8). João Batista não era daqueles pregadores que pensam que podem distribuir os dons do Espírito. Ele sabia que era apenas um servo, um instrumento, um canal, não a fonte da graça. Seu batismo era transitório. Era um batismo com água para o arrependimento. Mas o batismo ministrado por Jesus é permanente e necessário para a salvação. O batismo com água é apenas um símbolo do batismo com o Espírito Santo. O batismo com água é o símbolo, mas o batismo com o Espírito é o simbolizado. Um é sombra, e o outro, a realidade. Um símbolo é importante, mas não é a coisa simbolizada. Assim como a bandeira do Brasil simboliza o Brasil, mas não é o Brasil, assim o batismo com água simboliza o batismo com o Espírito, mas não é o batismo com o Espírito. Nenhum homem tem competência de batizar alguém com o Espírito Santo. Essa obra só Jesus pode realizar.

Ele reconheceu que era apenas uma testemunha da luz, não a própria luz. O evangelista João, no prólogo do seu Evangelho, apresentando Jesus como Deus, Criador do Universo, que se fez carne, fala também de João Batista, seu precursor, nos seguintes termos: *Ele não era a luz, mas veio para que testificasse da luz, a saber, a verdadeira luz, que, vinda ao mundo, ilumina a todo homem* (Jo 1.8,9). João era um enviado de Deus para mostrar a luz, mas ele não era a luz. Seu propósito não era exaltar a si mesmo, mas apontar para Jesus como a luz que, vinda ao mundo, ilumina a todo homem. João era como uma vela acesa que apontaria para o Sol da Justiça. Uma vez que o Sol nasceu, não é mais preciso acender a vela.

Ele reconheceu que Jesus, não ele, tem a primazia (Jo 1.15). João Batista agiu de forma diferente de Lúcifer. Este quis ocupar o lugar de Deus, sendo apenas uma criatura. Quando perguntaram a João Batista se era o Cristo, ele respondeu: *Eu não sou* (Jo 1.19-21; 3.28). João dizia abertamente que aquele que viria depois dele tinha a primazia, porquanto já existia antes dele: *João testemunha a respeito dele e exclama: Este é o de quem eu disse: o que vem depois de mim tem, contudo, a primazia, porquanto já existia antes de mim* (Jo 1.15; cf. v. 30). João Batista era seis meses mais velho que Jesus. Mas ele sabia que Jesus era o próprio Deus, o Pai da eternidade. Por isso, entendia que Jesus já existia antes dele.

Ele reconheceu que Jesus é o noivo, não ele. João Batista é enfático: *O que tem a noiva é o noivo; o amigo do noivo que está presente e o ouve muito se regozija por causa da voz do noivo. Pois esta alegria já se cumpriu em mim* (Jo 3.29). João Batista alegra-se em ser amigo do noivo. Sua alegria existe no fato de ouvir a voz do noivo, não de ocupar o lugar do noivo. Há muitos pastores hoje que querem ocupar o lugar do noivo. Pensam e agem como se fossem os donos da noiva. A igreja é de Cristo. Ela é a noiva do Cordeiro. Há pregadores que têm a síndrome de donos da igreja.

Ele reconheceu que Jesus estava destinado a crescer, e ele, a diminuir. João Batista tinha pleno conhecimento de que seu ministério tinha um propósito: apresentar o Messias e sair de cena. Quando seus discípulos ficaram intrigados por ver os que o seguiam abandonando suas fileiras para seguir a Cristo, longe de sentir-se ameaçado ou com inveja, disse: *Convém que ele cresça e que eu diminua* (Jo 3.30). Fazer Cristo conhecido, não a nós mesmos, é a nossa missão.

Ele reconheceu sua fragilidade humana expressando abertamente suas dúvidas. João Batista não era um homem incólume às dúvidas e angústias da alma. Ao saber dos milagres que Cristo operava e vendo aproximar-se o dia do seu martírio na prisão de Maquerós, foi assaltado pela dúvida e enviou emissários para perguntarem a Jesus se ele era de fato o Messias ou se haveriam de esperar outro. Assim relata Lucas sobre a dúvida de João Batista: *Todas estas coisas foram referidas a João pelos seus discípulos. E João, chamando dois deles, enviou-os ao Senhor para perguntar: És tu aquele que estava para vir ou havemos de esperar outro?* (Lc 7.18,19). Jesus, longe de diminuir a singularidade de sua posição, reafirmou que ele não era um caniço agitado pelo vento. *Tendo-se retirado os mensageiros, passou Jesus a dizer ao povo a respeito de João: Que saístes a ver no deserto? Um caniço agitado pelo vento?* (Lc 7.24). Jesus disse que João não era como um nobre que se esconde atrás de vestes bonitas: *Que saístes a ver? Um homem vestido de roupas finas? Os que se vestem bem e vivem no luxo assistem nos palácios dos reis* (Lc 7.25). Jesus disse que João Batista era mais do que um grande profeta: *Sim, que saístes a ver? Um profeta? Sim, eu vos digo, e muito mais que profeta* (Lc 7.26). Jesus colocou João no lugar mais elevado. Disse que ele era seu mensageiro e precursor: *Este é aquele de quem está escrito: Eis aí envio diante da tua face o meu mensageiro, o qual preparará o teu caminho diante de ti* (Lc 7.27). Depois de colocar João Batista na mais nobre das posições, Jesus afirmou categórica e insofismavelmente que ele era o maior homem do mundo: *E eu vos digo: entre os nascidos de mulher, ninguém é maior do que João* (Lc 7.28). Em vez de Jesus diminuir João por este ter revelado sua fragilidade, enalteceu-o ao ponto máximo. O Senhor não nos reprova por expressarmos nossas angústias. É digno de nota que o mais exaltado elogio a esse filho do deserto tenha acontecido no momento de sua maior fragilidade.

Terceiro, *João Batista foi obstinadamente corajoso.* João Batista temia a Deus, não aos homens. Quando a multidão vinha a ele no deserto, longe de lisonjeá-la com palavras sedutoras e eloquência vazia, erguia a adaga do Espírito, usando palavras solenes e atitudes graves: *Dizia ele, pois, às multidões que saíam para serem batizadas: Raça de víboras, quem vos induziu a fugir da ira vindoura?* (Lc 3.7). João Batista não usava dois pesos e duas medidas. Ele confrontava o povo e também o rei. Ele estava pronto a ir para a prisão, mas jamais a silenciar sua voz: *mas Herodes, o tetrarca, sendo repreendido por ele, por causa de Herodias, mulher de seu irmão, e por todas as maldades que o mesmo Herodes havia feito, acrescentou ainda sobre todas a de lançar João no cárcere* (Lc 3.19,20). João Batista temia a Deus, não aos homens. Ele era profeta do Altíssimo, não arauto da conveniência. Ele pregava o evangelho ao povo, não entretenimento: *Assim, pois, com muitas outras exortações anunciava o evangelho ao povo* (Lc 3.18). Ele pregava arrependimento, não autoajuda. João Batista anunciava: *Produzi, pois, frutos dignos de arrependimento e não comeceis a dizer entre vós mesmos: Temos por pai a Abraão; porque eu vos afirmo que destas pedras Deus pode suscitar filhos a Abraão* (Lc 3.8). João dizia

JOÃO BATISTA, O HOMEM QUE VIVEU, SOFREU E MORREU POR SUAS CONVICÇÕES   35

à multidão acerca do juízo: *A sua pá, ele a tem na mão, para limpar completamente a sua eira e recolher o trigo no seu celeiro; porém queimará a palha em fogo inextinguível* (Lc 3.17). Ele demonstrou coragem ao proclamar a necessidade de uma mudança radical na vida e na sociedade (Lc 3.4-6). Lucas, o médico amado, escreve:

> *conforme está escrito no livro das palavras do profeta Isaías: Voz do que clama no deserto: Preparai o caminho do Senhor, endireitai as suas veredas. Todo vale será aterrado, e nivelados todos os montes e outeiros; os caminhos tortuosos serão retificados, e os escabrosos, aplanados; e toda carne verá a salvação de Deus* (Lc 3.4-6).

A MORTE DE JOÃO BATISTA

João Batista passou os últimos dias da sua vida numa cadeia, com escassez de pão e maus-tratos, e terminou degolado na prisão (Lc 9.9). Morreu solitário numa masmorra, degolado por ordem de um rei bêbado e fanfarrão, a pedido de uma mulher adúltera. No dia do aniversário de Herodes, diante dos seus convidados bêbados, a filha de Herodias dançou na presença de Herodes e muito o agradou. Este lhe prometeu até mesmo a metade do reino. Mas, por indução da sua mãe, ela pediu a cabeça de João Batista num prato. Herodes se perturbou, mas acabou cedendo, e o maior homem do mundo foi degolado na prisão. O evangelista Marcos narra de forma grave esse episódio:

> *E, chegando um dia favorável, em que Herodes no seu aniversário natalício dera um banquete aos seus dignitários, aos oficiais militares e aos principais da Galileia, entrou a filha de Herodias e, dançando, agradou a Herodes e aos seus convivas.*

Então, disse o rei à jovem: Pede-me o que quiseres, e eu to darei. E jurou-lhe: Se pedires mesmo que seja a metade do meu reino, eu ta darei. Saindo ela, perguntou à sua mãe: Que pedirei? Esta respondeu: A cabeça de João Batista. No mesmo instante, voltando apressadamente para junto do rei, disse: Quero que, sem demora, me dês num prato a cabeça de João Batista. Entristeceu-se profundamente o rei; mas, por causa do juramento e dos que estavam com ele à mesa, não lha quis negar. E, enviando logo o executor, mandou que lhe trouxessem a cabeça de João. Ele foi, e o decapitou no cárcere, e, trazendo a cabeça num prato, a entregou à jovem, e esta, por sua vez, a sua mãe. Os discípulos de João, logo que souberam disto, vieram, levaram-lhe o corpo e o depositaram no túmulo (Mc 6.21-29).

Segundo os padrões do mundo, João Batista foi um fracassado, não um vitorioso. Ele não ajuntou riquezas. Não se titulou como doutor na Universidade de Jerusalém. Não amealhou riquezas nem frequentou as altas rodas sociais. Não foi um pregador popular nem viveu cortejando os aplausos do rei no palácio ou os elogios dos sacerdotes no templo.

João Batista morreu jovem, pobre, solitário, sem deixar descendência ou herança. Entretanto, foi o maior homem entre os nascidos de mulher. Cortaram sua cabeça, enterraram seu corpo, mas não sepultaram seu nome. O nome de Herodes caiu no esquecimento. Sua história está coberta de poeira e de opróbrio, mas João Batista, mesmo depois de morto, ainda fala!

Jim Elliot, mártir do cristianismo, morto pelos índios da América do Sul, imortalizou as prioridades da sua vida numa frase lapidar: "Não é tolo o homem que dá o que não pode reter para ganhar o que não pode perder". João Batista perdeu a vida terrena, mas ganhou a vida eterna. Herodes e Herodias ganharam a vida terrena, mas perderam a vida eterna. O ganho deles foi pura perda. A perda de João Batista foi um ganho de consequências eternas. Jesus disse que aquele que perde a sua vida achá-la-á, mas o que ganha a sua vida perdê-la-á (Mt 10.39). Perder com Jesus é lucro; ganhar sem Jesus é perda. João Batista tombou na terra como um mártir e foi recebido no céu como um príncipe! Sua memória não ficou coberta pela poeira do tempo. Herodes mandou matar João Batista, mas quem foi eliminado dos anais da História não foi João. Este, mesmo depois de morto, constitui-se num monumento vivo, a refletir seu exemplo para as gerações pósteras. E Herodes, onde está? Debaixo dos escombros do esquecimento, coberto pelos trapos da ignomínia.

A morte não coloca um ponto final na vida dos servos de Deus. A morte não tem a última palavra. Aqueles que morreram por causa de sua fidelidade a Deus são considerados bem-aventurados (Ap 14.13). A morte dos filhos de Deus não é uma masmorra escura, mas uma janela aberta de liberdade. Somos livres dos grilhões da morte para a liberdade dos filhos de Deus. Morrer é ficar livre do peso. Morrer é cortar as grossas correntes que prendem nosso batel no ancoradouro deste mundo. Morrer é levantar acampamento e ir para a nossa pátria. Morrer é mudar de endereço e ir para a casa do Pai. Morrer é deixar o corpo e habitar com o Senhor. É partir para estar com Cristo, o que é incomparavelmente melhor.

Jesus disse que entre os nascidos de mulher ninguém foi maior do que João Batista, mas o menor no reino dos céus é maior do que ele (Lc 7.28). No reino de Deus, o maior é o menor, e o menor, o maior. No reino de Deus, a pirâmide está invertida. Ser grande aos olhos de Deus é ser pequeno aos olhos do mundo; ser pequeno aos olhos do mundo é ser grande diante de Deus. O menor no reino de Deus viu o que João não viu: a morte de Cristo, a ressurreição de Cristo e o derramamento do Espírito. João Batista é a dobradiça da História. A Lei vigorou até ele. Agora, raiou a graça com todo o seu esplendor! João apontou o Messias e saiu de cena. João fechou as cortinas da Lei e abriu os portais da graça. Ele apontou para aquele que é cheio de graça e de verdade. João olhou para a frente e apontou o Cordeiro de Deus, que tira o pecado do mundo. Hoje nós olhamos para trás e vemos o Messias que já veio, morreu por nós, ressuscitou, está à destra de Deus e intercede por nós. Ele virá em glória, e então reinaremos com ele eternamente. Nós, que cremos no nome do Senhor Jesus, que fazemos parte da igreja do Deus vivo, somos maiores do que João Batista, o maior homem entre os nascidos de mulher!

Capítulo 3

Paulo, o maior bandeirante do cristianismo

HERNANDES DIAS LOPES

A conversão de Paulo foi a mais importante da História. Talvez nenhum fato seja mais marcante na história da igreja depois do Pentecostes. Nenhum homem exerceu tanta influência no cristianismo. Nenhum homem foi tão notório na história da humanidade. Lucas ficou tão impressionado com a importância da conversão de Paulo que ele a relata três vezes em Atos (caps. 9, 22, 26).

Paulo tinha um berço religioso de gloriosa e exaltada tradição: *circuncidado ao oitavo dia, da linhagem de Israel, da tribo de Benjamim, hebreu de hebreus; quanto à lei, fariseu* (Fp 3.5). Nasceu em Tarso, capital da Cilícia. Por direito de nascimento, era cidadão romano. Foi educado aos pés do mestre Gamaliel em Jerusalém, onde recebeu a mais refinada educação cultural e religiosa (At 22.3). Era adepto da ala mais radical do judaísmo, a seita dos fariseus (At 22.3). Foi a maior expressão do judaísmo antes da sua conversão e tornou-se a maior expressão da igreja cristã depois da sua conversão (Gl 1.14).

Vamos examinar alguns lances de sua vida, para entender que o maior bandeirante do cristianismo enfrentou sofrimento desde sua conversão até seu martírio.

PAULO, O PERSEGUIDOR

Encontramos várias descrições de Paulo, antes chamado Saulo, como um implacável perseguidor da igreja. Elencaremos algumas delas aqui:

Paulo, uma fera selvagem (At 9.1; 22.20; 26.11). Esse jovem judeu era um perseguidor implacável. Ele estava determinado a banir da terra o cristianismo. Não podia aceitar que um nazareno, crucificado como um criminoso, pudesse ser o Messias prometido por Deus. Não podia aceitar que os cristãos anunciassem a ressurreição daquele que havia sido dependurado numa cruz. Não podia crer que uma pessoa pregada na cruz, considerada maldita, pudesse ser o Salvador do mundo.

Perante o rei Agripa, ele confessa: *Muitas vezes, os castiguei por todas as sinagogas, obrigando-os até a blasfemar. E, demasiadamente enfurecido contra eles, mesmo por cidades estranhas os perseguia* (At 26.11).

Paulo esteve por trás do apedrejamento de Estêvão (At 8.1). Ele mesmo testemunha: *Quando se derramava o sangue de Estêvão, tua testemunha, eu também estava presente, consentia nisso e até guardei as vestes dos que o matavam* (At 22.20).

A igreja em Jerusalém foi duramente perseguida, e muitos cristãos fugiram, pregando o evangelho (At 8.4). Alguns deles foram para Damasco. E agora *Saulo, respirando ainda ameaças e morte contra os discípulos do Senhor*, dispõe-se a ir a Damasco para manietar, prender e arrastar presos para Jerusalém aqueles que confessavam o nome de Cristo (At 9.1). Ele queria destruir os crentes em Jerusalém, por isso os caçava por toda parte para os trazer de volta a Jerusalém e ali os exterminar.

Essa expressão, "respirando ameaças e morte", literalmente é a mesma expressão para descrever uma fera selvagem que furiosamente extermina o corpo de uma presa. Na

PAULO, O MAIOR BANDEIRANTE DO CRISTIANISMO 41

linguagem dos crentes de Damasco, Saulo era um exterminador (At 9.21). Paulo era um monstro celerado, um carrasco impiedoso, um perseguidor truculento, um tormento na
vida dos cristãos primitivos.

A expressão "respirando ameaças e morte" era uma "alusão
ao arfar e ao bufar dos animais selvagens". Paulo parecia mais
um animal selvagem do que um homem. Em suas próprias palavras, ele estava *demasiadamente enfurecido* (At 26.11).
Paulo, um caçador implacável (At 9.2; 22.5; 26.9). Paulo
não se contentou apenas em perseguir os cristãos em Jerusalém; caçava-os por cidades estranhas. Agora, escoltado por
uma soldadesca do Sinédrio, marcha para Damasco, capital da
Síria, para prender os cristãos e levá-los manietados para Jerusalém (At 9.2). Seu propósito em prender os cristãos em Damasco era puni-los em Jerusalém, exatamente no local onde
estes afirmavam que Jesus havia ressuscitado (At 22.5).

Seu ódio não era propriamente contra os cristãos, mas contra Cristo. Ele testemunha ao rei Agripa: *Na verdade, a mim
me parecia que muitas coisas devia eu praticar contra o nome
de Jesus, o Nazareno* (At 26.9). Escrevendo a Timóteo, Paulo
afirma: *a mim, que, noutro tempo, era blasfemo, e perseguidor,
e insolente* (1Tm 1.13).

Paulo, ao perseguir a igreja, estava perseguindo o próprio
Cristo. Por isso, quando Jesus aparece para ele no caminho de
Damasco, pergunta: *Saulo, Saulo, por que me persegues?* (At
9.4). Ele, então, responde: *Quem és tu, Senhor?* E a resposta é:
Eu sou Jesus, o Nazareno, a quem tu persegues (At 9.5; 22.8).
Diante do Sinédrio, Paulo disse: *Persegui este Caminho até à
morte, prendendo e metendo em cárceres homens e mulheres*
(At 22.4). O povo de Damasco, ao ouvir a pregação de Paulo
logo depois da sua conversão, reafirma como Paulo perseguiu

42 SOFRIMENTO, O PREÇO DA MISSÃO

de forma implacável os crentes: *Não é este o que exterminava em Jerusalém os que invocavam o nome de Jesus e para aqui veio precisamente com o fim de os levar amarrados aos principais sacerdotes?* (At 9.21).

Paulo, um malfeitor impiedoso (At 9.13; 22.19). O zelo sem entendimento pode levar um homem a fazer loucuras. Paulo atacou furiosamente os cristãos. Ananias disse ao Senhor acerca dele: *Senhor, de muitos tenho ouvido a respeito desse homem, quantos males tem feito aos teus santos em Jerusalém; e para aqui trouxe autorização dos principais sacerdotes para prender a todos os que invocam o teu nome* (At 9.13,14).

Paulo mesmo testemunhou ao Sinédrio sua truculência contra os cristãos, dizendo: *Senhor,* [...] *eu encerrava em prisão e, nas sinagogas, açoitava os que criam em ti* (At 22.19). Escrevendo aos gálatas, Paulo relata seu procedimento no judaísmo: [...] *sobremaneira perseguia eu a igreja de Deus e a devastava* (Gl 1.13).

Paulo, um torturador desumano (At 26.11). O ódio de Paulo a Cristo e aos cristãos era tão impetuoso que ele não se satisfazia apenas em manietar e encerrar em prisões aqueles que confessavam o nome de Cristo, mas também os castigava por todas as sinagogas, obrigando-os a blasfemar. Paulo era um carrasco selvagem. Sua fúria incendiava seu coração e fazia dele um monstro celerado, um pesadelo para os cristãos.

Paulo, um assassino truculento (At 9.21; 26.10). Paulo perseguia, açoitava, prendia, obrigava as pessoas a blasfemarem e dava seu voto para matar os cristãos. Ele testemunha diante do rei Agripa:

Na verdade, a mim me parecia que muitas coisas devia eu praticar contra o nome de Jesus, o Nazareno; e assim procedi em

Jerusalém. Havendo eu recebido autorização dos principais sacerdotes, encerrei muitos dos santos nas prisões; e contra estes dava o meu voto, quando os matavam (At 26.9,10).

PAULO, O CONVERTIDO

Destacaremos alguns pontos importantes aqui, para o entendimento desse magno assunto:

Paulo não se converteu; ele foi convertido. A causa da conversão de Paulo foi a graça soberana de Deus. Ele não se decidiu por Cristo; ele estava perseguindo Cristo. Na verdade, foi Cristo quem se decidiu por ele (At 9.3-6).

Paulo estava caçando os cristãos para prendê-los, e Cristo estava caçando Paulo para salvá-lo. Não era Paulo que estava buscando a Jesus, era Jesus quem estava buscando a Paulo. A salvação de Paulo não foi iniciativa dele; foi iniciativa de Jesus. Não foi Paulo quem clamou por Jesus; foi Jesus quem chamou pelo nome de Paulo. A salvação é obra exclusiva de Deus. Não é o homem que se reconcilia com Deus; é Deus quem está em Cristo reconciliando consigo o mundo (2Co 5.18).

Paulo não foi salvo por seus méritos; ele era uma fera selvagem, um perseguidor implacável, um assassino insensível. Seus predicados religiosos, nos quais ele confiava (circuncidado, fariseu, hebreu de hebreus, da tribo de Benjamim), considerou como refugo (Fp 3.8,9).

Paulo era um touro bravo que resistiu aos aguilhões. A conversão de Paulo não foi, de maneira nenhuma, uma conversão repentina. De acordo com a própria narrativa de Paulo, Jesus lhe disse: *Dura coisa é recalcitrares contra os aguilhões* (At 26.14). Jesus comparou Paulo a um touro jovem, forte e obstinado, e ele mesmo a um fazendeiro que usa aguilhões para domá-lo.

Deus já estava trabalhando na vida de Paulo antes de ele se render no caminho de Damasco. Paulo era como um touro bravo que recalcitrava contra os aguilhões. Jesus já estava ferroando sua consciência quando ele viu Estêvão sendo apedrejado e, com rosto de anjo, pedir a Jesus que perdoasse seus algozes. A oração de Estêvão ainda latejava na alma de Paulo. Jesus estava ferroando a consciência de Paulo quando ele prendia os cristãos e dava seu voto para matá-los, e eles morriam cantando. Mas, como esse boi selvagem não amansou com as ferroadas, Jesus lhe apareceu no caminho de Damasco, o derrubou ao chão e o subjugou totalmente. Isso prova que a eleição de Deus é incondicional, que a graça de Deus é irresistível e que seu chamado é irrecusável. Paulo precisou ser lançado ao chão e ficar cego para se converter.

A conversão de Paulo no caminho de Damasco foi o clímax repentino de um longo processo em que o "Caçador dos céus" estava em seu encalço. Curvou-se a dura cerviz autossuficiente. O touro estava domado.

Paulo era um intelectual que resistiu à lógica divina. Se a conversão de Paulo não foi repentina, também não foi compulsiva. Cristo falou com ele em vez de esmagá-lo. Cristo o jogou ao chão, mas não violentou sua personalidade. Sua conversão não foi um transe hipnótico. Jesus apelou para sua razão e para o seu entendimento (At 9.4-8).

Jesus perguntou: *Saulo, Saulo, por que me persegues?* Paulo respondeu: *Quem és tu, Senhor?* Jesus declarou: *Eu sou Jesus, a quem tu persegues.* Por fim, Jesus ordenou: *levanta-te*, e Paulo prontamente obedeceu! A resposta e a obediência de Paulo foram racionais, conscientes e livres.

A soberania de Deus não anula a responsabilidade humana. Jesus picou a mente e a consciência de Paulo com os seus

PAULO, O MAIOR BANDEIRANTE DO CRISTIANISMO   45

aguilhões. Então ele se revelou através da luz e da voz, não para esmagá-lo, mas para salvá-lo. A graça de Deus não aprisiona. É o pecado que prende. A graça liberta! *Paulo, um homem completamente transformado.* Destacamos três fatos benditos sobre essa súbita conversão de Paulo. Primeiro, uma gloriosa manifestação de Jesus (At 9.3-6). Três coisas aconteceram a Paulo: ele viu uma luz (22.6,11), caiu por terra (At 22.7) e ouviu uma voz (At 22.7). *Paulo se entrega humildemente* (At 22.8,10). Três coisas devem ser destacadas: Paulo reconhece que Jesus é o Senhor (At 22.8), reconhece que é pecador (At 22.8) e reconhece que precisa ser guiado pelo Senhor (At 22.10). A autossuficiência de Paulo acaba no caminho de Damasco. Ele agora pergunta: "Que farei, Senhor?" Agora quer ser guiado! Está pronto a obedecer.

Paulo evidencia sua conversão. Três verdades nos provam essa tese: Paulo evidencia sua conversão pela vida de oração (At 9.9,11), pelo recebimento do Espírito Santo (At 9.17) e pelo batismo (At 9.18).

PAULO, O MISSIONÁRIO

Destacaremos quatro verdades sobre esse assunto:

De perseguidor a perseguido (At 9.16). Depois da sua conversão, Paulo enfrentou muitas perseguições: Foi perseguido em Damasco, rejeitado em Jerusalém, esquecido em Tarso, apedrejado em Listra, preso e açoitado em Filipos, escorraçado de Tessalônica e Bereia, chamado de tagarela em Atenas e de impostor em Corinto. Ele enfrentou feras em Éfeso, foi preso em Jerusalém, acusado em Cesareia, enfrentou um naufrágio a caminho de Roma e foi picado por uma víbora em Malta. Chegou a Roma preso e mais tarde foi decapitado pela guilhotina.

Esse homem trouxe no corpo as marcas de Jesus (Gl 6.17). Mas em momento nenhum perdeu a alegria, o entusiasmo e a esperança. Disse que *a nossa leve e momentânea tribulação produz para nós eterno peso de glória* (2Co 4.17).

De agente de morte a pregador do evangelho (At 9.20-22). Paulo tornou-se um embaixador de Cristo, um pregador do evangelho imediatamente após sua conversão (At 9.20-22). Deus mesmo o escolheu para levar o evangelho aos gentios e reis, bem como perante os filhos de Israel (At 9.15). Paulo pregou a tempo e fora de tempo. Em prisão e em liberdade. Com saúde ou doente. Pregou nos lares, nas sinagogas, no templo, nas ruas, nas praças, na praia, no navio, nos salões dos governos, nas escolas. Paulo pregou com senso de urgência, com lágrimas e no poder do Espírito Santo. Onde ele chegava, os corações eram impactados com o evangelho. Ele pregava não apenas usando palavras de sabedoria, mas com demonstração do Espírito e de poder (1Co 2.4; 1Ts 1.5).

De devastador da igreja a plantador de igrejas (At 9.15). Paulo foi o maior evangelista, o maior missionário, o maior pastor, o maior pregador, o maior teólogo e o maior plantador de igrejas da história do cristianismo. Ele plantou igrejas na região da Galácia, na Europa e também na Ásia. Não apenas plantou igrejas, mas pastoreou-as com intenso zelo, com profundo amor e com grave senso de responsabilidade. Pesava sobre ele a preocupação com todas as igrejas (2Co 11.28).

De recebedor de cartas para prender e matar a escritor de cartas para abençoar (At 9.2). Como perseguidor e exterminador dos cristãos, Paulo pedia cartas para prender, amarrar e matar os crentes. Mas, depois de convertido, ele escreve cartas para abençoar. Paulo foi o maior escritor do Novo Testamento. Ele escreveu treze cartas. Suas cartas são mais conhecidas do que qualquer obra jamais escrita na história da humanidade.

PAULO ENFRENTA SEVERAS PROVAÇÕES

A vida cristã não é um mar de rosas, mas uma tempestade em que não faltam nuvens pardacentas e os trovões aterradores. Os covardes e medrosos, que têm medo de decidir, não entrarão no reino de Deus. A vida cristã não é feita de amenidades, mas tecida por lutas renhidas. Ela não é uma viagem através de águas calmas, mas uma navegação turbulenta em mares revoltos e encapelados.

Um leitor desatento pensará que o relato de Paulo em 2Coríntios 6.4-10 é uma coletânea de experiências sem qualquer conexão. Contudo, uma observação mais detalhada do texto provará que Paulo fez um cuidadoso e lógico arranjo de 27 categorias, divididas em três grupos de nove cada. Nos versículos 4 e 5, seus pensamentos concentram-se em suas provações; nos versículos 6 e 7, na divina provisão; e nos versículos 8 a 10, na vitória sobre as circunstâncias adversas.

O apóstolo Paulo começa esse catálogo de provas com uma das virtudes mais robustas da vida cristã, a paciência triunfante (2Co 6.4). A palavra grega usada, *hupomone,* não pode ser traduzida ao pé da letra. Ela não descreve o tipo de mentalidade que se assenta com as mãos cruzadas e a cabeça baixa até que passe a tormenta de problemas, numa resignação passiva. Descreve, ao contrário, a habilidade de suportar as coisas de uma maneira tão triunfante que as transforma profundamente. Crisóstomo, o maior pregador do Oriente, chama *hupomone* de a raiz de todo bem, a mãe da piedade, o fruto que não se seca jamais, a fortaleza que nunca pode ser conquistada, o porto que não conhece tormentas. Para

Crisóstomo, *hupomone* é a rainha das virtudes, fundamento de todas as ações justas, paz no meio da guerra, calma na tempestade, segurança nos tumultos.

Essa paciência não é uma capacidade natural de suportar algumas dificuldades da vida mas um corajoso triunfo, que recebe todas as pressões da vida e sai delas com um brado de alegria. Não somente essa pessoa não se deixa abater pelas dificuldades, mas mostra-se até grata pela oportunidade de passar por elas, sabendo que isso trará glória a Deus.

A "paciência" aqui é o cabeçalho geral de nove elementos que Paulo relaciona a fim de recomendar seu ministério. Vamos examinar o texto em apreço sob quatro perspectivas.

Quando a vida parece um mar tempestuoso (2Co 6.3-5)

Paulo aborda três grupos, cada um composto de três situações, em que a paciência é aplicada.

Primeiro, *os conflitos internos da vida cristã* (2Co 6.4). O apóstolo Paulo menciona três conflitos internos que a paciência triunfante nos capacita a vencer. Esse primeiro grupo expressa termos genéricos, identificando situações a que todos os cristãos estão sujeitos.

As aflições. A palavra grega que Paulo usa é *thlipsis,* que significa pressão física, aflição ou tribulação. Representa aquelas situações que são cargas para o coração humano, aquelas desilusões que podem destroçar a vida.

As privações. A palavra grega *anagké* significa literalmente as necessidades da vida. Essa palavra é usada no sentido de sofrimento, muito possivelmente torturas. São aquelas cargas inevitáveis da vida que retratam necessidades materiais, emocionais e até físicas.

As angústias. A palavra grega que Paulo utiliza, *stenochoria*, significa um lugar muito apertado. Essa palavra era usada para descrever a condição de um exército encurralado num desfiladeiro estreito e rochoso sem lugar para escapar. Segundo, *as tribulações externas da vida cristã* (2Co 6.5). Mais uma vez, o apóstolo Paulo menciona três circunstâncias difíceis que ele enfrentou. Esse segundo grupo apresenta exemplos particulares.

Os açoites. O sofrimento de Paulo não era apenas espiritual, mas também físico. Paulo foi açoitado várias vezes, fustigado com varas e até apedrejado. É exatamente porque os cristãos primitivos enfrentaram as fogueiras, as feras e toda sorte de castigos físicos que hoje recebemos o legado do cristianismo. O próprio Paulo dá seu testemunho: *Cinco vezes recebi dos judeus uma quarentena de açoites menos um; fui três vezes fustigado com varas; uma vez, apedrejado* (2Co 11.24,25). Esses açoites lhe deixaram cicatrizes, pelo que escreveu: *Quanto ao mais, ninguém me moleste; porque eu trago no corpo as marcas de Jesus* (Gl 6.17).

As prisões. Paulo foi preso várias vezes. O livro de Atos registra sua prisão em Filipos, Jerusalém, Cesareia e Roma. Paulo passou vários anos do seu ministério na cadeia. Ele terminou os seus dias numa masmorra romana, de onde saiu para ser decapitado. Ao longo dos séculos, um séquito de crentes em Cristo suportou prisões e esteve disposto a abandonar sua liberdade em vez da fé.

Os tumultos. Paulo não enfrentou apenas a severidade das leis judaica e romana por onde passou, mas também a violência da multidão tresloucada. A palavra grega usada aqui, *akatastasia,* significa instabilidade, multidões em rebelião e desordens civis (At 13.50; 14.19; 16.19; 19.29). Esses tumultos referem-se àqueles perigos criados pelos homens. Em quase toda cidade por onde passou, Paulo enfrentou multidões enfurecidas, incitadas principalmente pelos judeus. Em Antioquia da Pisídia, os judeus incitaram as mulheres de alta posição e os principais da cidade a expulsarem Paulo de seu território (At 13.49-52). Em Icônio, houve um complô para apedrejar Paulo, e ele precisou sair da cidade (At 14.5,6). Em Listra, uma ensandecida multidão apedrejou-o (At 14.19). Em Filipos, uma multidão alvoroçada prendeu Paulo e Silas, açoitando-os e lançando-os na prisão (At 16.22,23). Em Tessalônica, uma turba, procurando Paulo, alvoroçou a cidade e arremeteu-se contra Jasom e sua casa (At 17.5). Em Éfeso, houve um grande tumulto e os amigos de viagem de Paulo foram presos (At 19.23-40). Mesmo durante o ministério de Paulo em Corinto, ele também foi preso e procuraram levá-lo diante do governador (At 18.12-17). Simon Kistemaker diz que o pior caso de agitação civil ocorreu em Jerusalém. Ali o povo amotinado procurou matar Paulo (At 21.30-32). Por todo lugar onde Paulo pregou o evangelho, ele se defrontou com multidões ensandecidas.

Terceiro, *as tribulações naturais da vida cristã* (2Co 6.5b). As três provas que Paulo passa a mencionar não vieram de fora nem de dentro, mas foram abraçadas voluntariamente por ele.

Os trabalhos. A palavra grega *kopos,* usada por Paulo, é muito sugestiva, pois descreve o trabalho que leva ao esgotamento, o tipo de tarefa que exige todas as forças que o corpo, a mente e o espírito do homem podem dar. O termo *kopos* implica trabalhar até fatigar-se, o cansaço que segue o uso das forças ao máximo. Paulo chega a declarar que trabalhou mais do que todos os outros apóstolos (1Co 15.10).

As vigílias. Algumas vezes, Paulo passava noites em oração; outras vezes, não conseguia dormir em virtude dos tumultos e perseguições, quase sem trégua, que vinham a ele de todos os lados. A palavra grega *agrupnia*, "vigílias", refere-se àquelas ocasiões em que Paulo voluntariamente ficava sem dormir ou encurtava suas horas de sono a fim de devotar mais tempo ao seu trabalho evangélico, ao cuidado de todas as igrejas e à oração. Paulo seguiu o exemplo de Jesus (Mc 1.35; Lc 6.12), passando muitas horas da noite e da madrugada em oração.

Os jejuns. Os jejuns referidos por Paulo podem ser tanto os voluntários como os involuntários. A palavra grega *nesteía* refere-se ao jejum voluntário a fim de poder realizar mais trabalhos. Porém, esses jejuns podem também se referir àqueles momentos em que Paulo passou privações (2Co 11.9) e até fome (2Co 11.27; 1Co 4.11; Fp 4.12).

Quando a vida parece cheia de contradições (2Co 6.8-10)

O apóstolo Paulo menciona nove paradoxos e antíteses da vida cristã. Trata-se de uma série de contrastes profundos. Aqui está clara a profunda diferença que existe entre a perspectiva de Deus e a perspectiva dos homens. O crente constitui-se num enigma para os outros, uma perpétua contradição para os que não o compreendem, pois sua vida consiste numa série de paradoxos.

Esses paradoxos falam dos dois lados opostos da vida de um homem de Deus — o lado secular e o lado espiritual. O lado visto pelo homem e o lado visto por Deus. Essa passagem contrasta como Deus avaliou o ministério de Paulo com a maneira pela qual seus críticos o avaliaram. O verdadeiro discípulo experimenta tanto o topo da montanha como as regiões mais baixas dos vales mais profundos. Ele oscila entre a honra e a desonra, entre a infâmia e a boa fama, entre a vida e a morte. Vamos considerar esses paradoxos.

Honra e desonra. Aos olhos do mundo, Paulo era um homem despojado de toda honra. Era considerado o lixo do mundo e a escória de todos (1Co 4.13), mas aos olhos de Deus era mui honrado. A palavra grega *atimia*, usada para "desonra", significa a perda dos direitos de cidadão, a privação dos direitos civis. Ainda que Paulo tivesse perdido todos os direitos como cidadão do mundo, tinha recebido a maior de todas as honras. Ele era cidadão do reino de Deus. Ele tombou como mártir na terra, decapitado numa tosca cela romana, mas levantou-se como príncipe no céu (2Tm 4.6-8).

Infâmia e boa fama. Os opositores de Paulo criticavam cada uma de suas ações e palavras, além de odiá-lo com ódio consumado. Além disso, Paulo sofria infâmia de seus próprios filhos na fé. Embora Paulo e seu ministério obtivessem o reconhecimento de muitos crentes coríntios (1Co 16.15-18), outros o desonravam e falavam dele pelas costas (2Co 10.10; 11.7; 1Co 4.10-13,19). Contudo, a despeito de ser difamado na terra, recebeu certamente boa fama no céu.

Enganador e verdadeiro. Os críticos de Paulo o consideravam um charlatão ambulante e um impostor. Para eles, Paulo não era um autêntico apóstolo. Porém, sua vida, sua conduta e seu ministério irrepreensível refutaram peremptoriamente as acusações levianas de seus inimigos. Paulo andou com consciência limpa diante de Deus e dos homens. Ele estava convicto de que sua mensagem era a verdade do próprio Deus.

Desconhecido, entretanto bem conhecido. Os judeus que o caluniavam diziam que Paulo era um joão-ninguém, a quem faltava autoridade apostólica e a quem podiam denegrir à vontade. Mas, para seus filhos na fé, Paulo era conhecido e amado. O apóstolo Paulo foi sem sombra de dúvida o maior apóstolo, o maior teólogo, o maior evangelista, o maior missionário e o maior plantador de igrejas da História. A palavra grega *agooumenoi*, traduzida por "desconhecidos", traz a ideia de ser ignorante. Refere-se a "não valer nada", sem as credenciais adequadas. Paulo não recebeu reconhecimento do mundo de seu tempo porque o mundo, a literatura, a política e a erudição não se preocupavam com ele. Ele não era fonte de conversas diárias, nem o procuravam como grande orador. Porém, Paulo é hoje mais conhecido do que qualquer imperador romano. Importa mais receber reconhecimento de Deus do que dos homens. Importa mais ser amado pelos cristãos do que odiado pelo mundo.

Morrendo, contudo vivendo. Paulo viveu sob constante ameaça de morte. Foi apedrejado em Listra, açoitado em Filipos, enfrentou feras em Éfeso e foi atacado por uma multidão furiosa em Jerusalém. O poder divino que ressuscitou Jesus dos mortos impediu que Paulo sofresse uma morte prematura. Sua vida despertou fúria no inferno e tumulto na terra. Paulo, porém, viveu para completar sua carreira e cumprir cabalmente seu ministério (At 20.24; 2Tm 4.6-8). A julgar pelos padrões mundanos, a carreira de Paulo foi miserável. Ele esteve continuamente exposto a perigos de morte, sempre perseguido por multidões enfurecidas e pelas autoridades civis, mas Deus livrou-o vezes sem conta. Portanto, contra todas as expectativas, enquanto o propósito de Deus não se concretizou nele, ele escapou da morte sem ser assassinado.

Castigado, porém não morto. Muitas vezes, Paulo enfrentou açoites, cadeias, prisões, tumultos e até apedrejamento. Mas Deus o preservou da morte a fim de que ele cumprisse o propósito de levar o evangelho até os confins da terra. Os cristãos não devem entender suas aflições como indicação da reprovação divina, mas, sim, devem regozijar-se nelas como oportunidades graciosamente oferecidas para glorificarem o nome de Deus. O Senhor não castiga seu povo por quem Cristo morreu, pois nossa punição pelo pecado foi colocada sobre Cristo. O Filho de Deus sofreu em nosso lugar para que pudéssemos ser absolvidos. Portanto, é incorreto dizer que os crentes sofrem a ira de Deus. O castigo mencionado aqui pelo apóstolo são medidas corretivas de Deus com o objetivo de nos levar para mais perto dele.

Entristecido, mas sempre alegre. As tristezas de Paulo vinham das circunstâncias; sua alegria emanava de sua comunhão com Deus. Ele se alegrava não nas circunstâncias, mas apesar delas (At 16.19-26). Sua alegria não era nem presença de coisas boas nem ausência de coisas ruins. Sua alegria era uma Pessoa. Sua alegria era Jesus. A fonte da sua alegria não estava na terra, mas no céu; não nos homens, mas em Deus.

Pobre, mas enriquecendo a muitos (2Co 6.10). Paulo não era como os falsos apóstolos que ganhavam dinheiro mercadejando a palavra. Paulo era pobre. A palavra *ptokós,* usada no texto, significa extremamente pobre, miserável, indigente, destituído. Descreve a pobreza abjeta de quem não tem, literalmente, nada e que está num perigo real e iminente de morrer de fome. A palavra *ptokós* significa penúria completa, como aquela de um mendigo. Ele não tinha dinheiro, mas tinha um tesouro mais precioso do que todo o ouro da terra: o bendito evangelho de Cristo. Ele enriquecia as pessoas não de coisas materiais, mas de bênçãos espirituais.

Nada tendo, mas possuindo tudo. Paulo não possuía riquezas terrenas, mas era herdeiro daquele que é o dono de todas as coisas. O ímpio tem posse provisória, mas o cristão é dono de todas as coisas que pertencem ao Pai. Somos herdeiros de Deus e coerdeiros com Cristo. O ímpio, possuindo tudo aqui, nada levará. Nós, nada tendo aqui, possuímos tudo.

Quando sofremos pela igreja de Deus (2Co 11.23-33)

O apóstolo Paulo destaca seis aspectos do seu sofrimento. Primeiro, *trabalhos extenuados.* [...] *em trabalhos, muito mais...* Paulo foi imbatível nesse item. Não apenas suplantou em muito os falsos apóstolos nesse particular, mas trabalhou até mesmo mais do que os legítimos apóstolos de Cristo (1Co 15.10). O ministério de Paulo não teve pausa. Ele trabalhou diuturnamente, sem intermitência, com saúde ou doente, em liberdade ou na prisão, na fartura ou passando necessidades. Jamais deixou de trabalhar pela causa de Cristo.

Segundo, *castigos físicos extremados.* [...] *muito mais em prisões; em açoites, sem medida; em perigos de morte, muitas vezes. Cinco vezes recebi dos judeus uma quarentena de açoites menos um; fui três vezes fustigado com varas; uma vez, apedrejado...* Destaquemos aqui os vários castigos sofridos por Paulo.

As prisões. Paulo foi preso várias vezes. O livro de Atos relata sua prisão em Filipos, Jerusalém, Cesareia e Roma. Paulo passou boa parte da sua atividade apostólica preso. Ele podia estar encarcerado, mas a palavra de Deus não estava algemada. Era um embaixador em cadeias. Jamais se sentiu prisioneiro de homens, mas sempre prisioneiro de Cristo.

Os açoites. Não foram poucas as vezes em que Paulo foi açoitado. O livro de Atos não é exaustivo nesses relatos. Temos informação de que ele foi açoitado em Filipos, mas em muitas outras vezes seu corpo foi surrado, a ponto de ele dizer aos gálatas que trazia no corpo as marcas de Cristo (Gl 6.17). Cinco vezes recebeu dos judeus 39 chibatadas. Esse castigo era tão severo que muitos sucumbiam. Os açoites eram o método judaico, baseado em Deuteronômio 25.2-5. A pessoa tinha as mãos presas a um poste, e suas roupas eram removidas, de modo que seu peito ficava descoberto. Com um chicote feito de uma correia de couro bovino e duas de couro de jumento, ligadas a um longo cabo, a pessoa recebia um terço das 39 chicotadas no tórax e dois terços nas costas.

Os perigos de morte. O ministério de Paulo foi turbulento. Não teve folga nem descanso. Onde ele chegava havia um tumulto para matá-lo. Foi perseguido em Damasco, apedrejado em Listra, açoitado em Filipos, escorraçado de Tessalônica, enxotado de Bereia, levado ao tribunal em Corinto, perturbado em Éfeso, preso em Jerusalém, acusado em Cesareia, picado por uma víbora em Malta e decapitado em Roma.

O flagelo de ser fustigado com varas. Se a quarentena de açoites era um castigo judaico (Dt 25.1-3), fustigar com varas era um castigo romano. Paulo sofreu castigo tanto de judeus como de gentios. O livro de Atos só relata os açoites que Paulo sofreu em Filipos. Mas aqui ele nos informa que três vezes foi fustigado com varas.

O apedrejamento. Paulo foi apedrejado em Listra e arrastado da cidade como morto. Deus o levantou milagrosamente para que ele desse prosseguimento a seu trabalho missionário. A vida de Paulo foi um milagre; seu sofrimento, um monumento; suas cicatrizes, seu vibrante testemunho.

Terceiro, *viagens perigosas.* [...] *em naufrágio, três vezes; uma noite e um dia passei na voragem do mar; em jornadas, muitas vezes; em perigos de rios, em perigos de salteadores, em perigos entre patrícios, em perigos entre gentios, em perigos na cidade, em perigos no deserto, em perigos no mar, em perigos entre falsos irmãos.* As viagens de Paulo foram aventuras épicas, cercadas sempre de muitos perigos. O livro de Atos só relata o naufrágio que Paulo enfrentou em sua viagem para Roma, e obviamente, quando Paulo escreveu 2Coríntios, ele ainda não havia ocorrido. Portanto, Paulo enfrentou quatro naufrágios. Não sabemos onde nem quando, mas um dia e uma noite ficou à deriva, na voragem do mar. Nas suas andanças, enfrentou perigos nos mares, nos rios, nas cidades e no deserto. Enfrentou perigos entre judeus e gentios. Enfrentou perigos no meio dos pagãos e também entre falsos irmãos.

Quarto, *privações e necessidades dolorosas*. [...] *em trabalhos e fadigas, em vigílias, muitas vezes; em fome e sede, em jejuns, muitas vezes; em frio e nudez.* Paulo trabalhava não só na obra, mas também para seu sustento, e isso com fadiga. Dormia pouco e trabalhava muito. Tinha senso de urgência. Nas suas jornadas a pé ou de navio, passou fome e sede muitas vezes. Não poucas vezes, a situação era tão grave que, mesmo tendo pão, preferia jejuar. Nem sempre tinha roupas suficientes e adequadas para as estações geladas de inverno. Enfrentou frio e também nudez.

Quinto, *preocupação com todas as igrejas. Além das coisas exteriores, há o que pesa sobre mim diariamente, a preocupação com todas as igrejas.* A atitude de Paulo em comparação aos falsos apóstolos era gritantemente diferente. Enquanto eles se abasteciam das igrejas, Paulo se desgastava por amor a elas, e isso diariamente. Enquanto Paulo usava sua autoridade para fortalecer as igrejas, eles usavam as igrejas para fortalecer sua autoridade. Enquanto Paulo trabalhava para servir às igrejas, eles se serviam das igrejas. Enquanto eles esbofeteavam os crentes no rosto, Paulo carregava os fardos dos crentes no coração. As outras experiências eram exteriores e ocasionais, mas o peso das igrejas era interior e constante.

Sexto, *fuga ignominiosa. Em Damasco, o governador preposto do rei Aretas montou guarda na cidade dos damascenos, para me prender; mas, num grande cesto, me desceram por uma janela da muralha abaixo, e assim me livrei das suas mãos*. No auge da narrativa de seus sofrimentos, Paulo fala da experiência humilhante em Damasco. Paulo descreve de forma vívida a primeira situação de sofrimento após sua conversão. Entrou na cidade de Damasco para prender os crentes, e ele agora é quem estava preso. Os judeus resolveram tirar-lhe a vida e vigiaram os portões da cidade (At 9.23,24) para ele não fugir, enquanto o governador gentio também montava guarda na porta para o prender (11.32). O livramento de Paulo não teve nada de espetaculoso. Escapou de forma humilhante. Para Paulo, essa fuga clandestina de Damasco era o pior dos açoites. O valente Paulo precisou fugir de forma inusitada nas caladas da noite. Essa fuga ignominiosa de Damasco que Paulo narra contém pouquíssimos elementos de que ele pudesse vangloriar-se. Foi o primeiro de muitos "perigos de morte" que ele experimentou. Esses primeiros acontecimentos o marcaram profundamente. E precisamente essa imagem da recordação revela de forma singular sua "fraqueza".

Paulo conclui essa listagem de sofrimentos jogando uma pá de cal na presunção de seus oponentes. Enquanto eles se gloriavam em suas virtudes e realizações, Paulo diz: *Se tenho de gloriar-me, gloriar-me-ei no que diz respeito à minha fraqueza* (2Co 11.30). Paulo sabia que sua autoridade não vinha de suas habilidades, mas de seu chamado (Rm 1.1,5); não de sua força, mas de sua fraqueza; não de seus feitos, mas de suas cicatrizes.

Quando nosso sofrimento é bênção, não castigo (2Co 12.7-10)

No início de 2Coríntios 12, Paulo descreve seu arrebatamento ao terceiro céu e sua visão gloriosa. Viu coisas que não é lícito ao homem referir. Depois da glória, porém, vem a dor; depois do êxtase, o sofrimento. Paulo faz uma transição das visões celestiais para o espinho na carne. Deus sabe equilibrar em nossa vida as bênçãos e os fardos, o sofrimento e a glória. Que contraste gritante entre as duas experiências do apóstolo! Passou do paraíso à dor, da glória ao sofrimento. Provou a bênção de Deus no céu e sentiu os golpes de Satanás na terra. Paulo passou do êxtase do céu à agonia da terra. Vamos examinar alguns pontos importantes.

Primeiro, *o sofrimento é inevitável*. Paulo dá seu testemunho: *E, para que não me ensoberbecesse com a grandeza das revelações, foi-me posto um espinho na carne, mensageiro de Satanás, para me esbofetear, a fim de que não me exalte* (2Co 12.7). Não há vida indolor. É impossível passar pela vida sem sofrer. O sofrimento é inevitável. O sofrimento de Paulo foi tanto físico quanto espiritual. Elencamos aqui dois aspectos do sofrimento do apóstolo.

O espinho na carne. O que seria esse espinho na carne de Paulo? Há muitas ideias e nenhuma resposta conclusiva. Calvino acreditava que o espinho na carne eram as tentações espirituais. Lutero achava que eram as perseguições dos judeus. A palavra grega *skolops*, "espinho", só aparece aqui em todo o Novo Testamento. Trata-se de qualquer objeto pontiagudo. Era a palavra usada para estaca, lasca de madeira ou ponta do anzol. O que era esse espinho na carne de Paulo? Muitas respostas têm sido dadas. Vejamos algumas delas:

- *Perturbações espirituais.* Calvino acreditava que o espinho na carne de Paulo consistia nessas tentações que o afligiam. Tratam-se das limitações de uma natureza corrompida pelo pecado, os tormentos da tentação, ou a opressão demoníaca.
- *Perseguição e oposição.* Lutero pensava que o espinho na carne de Paulo eram as muitas e variadas perseguições sofridas tanto nas mãos dos judeus como nas mãos dos gentios.
- *Enfermidades físicas.* A lista abrange desde a epilepsia, gagueira, enxaqueca, ataques de febre malária até deficiência visual. A maioria dos estudiosos concorda que esse termo *skolops* deve ser interpretado literalmente, isto é, Paulo suportava dor física. Pessoalmente, sou inclinado a pensar que esse espinho na carne era uma deficiência visual de Paulo (At 9.9; Gl 4.15; 6.11; Rm 16.22; At 23.5).

A oração não atendida. Assim como Jesus orou três vezes no Getsêmani para Deus afastar-lhe o cálice e o Pai não o atendeu, mas enviou um anjo para consolá-lo, Paulo orou também três vezes para Deus remover o espinho de sua carne; a resposta de Deus, porém, não foi a remoção do espinho, mas a força para suportá-lo. Deus nem sempre nos livra do sofrimento, mas nos dá graça para enfrentá-lo vitoriosamente. Paulo orou na aflição: orou ao Senhor, orou com insistência e especificamente, e mesmo assim Deus lhe disse não.

Segundo, *o sofrimento é indispensável.* Assim como Jesus aprendeu pelas coisas que sofreu, também nós aprendemos pelo sofrimento. Por que o sofrimento é indispensável?

Para evitar a soberba. O espinho na carne impediu que Paulo inchasse ou explodisse de orgulho diante das gloriosas visões e revelações do Senhor. O sofrimento nos põe no nosso devido lugar. Ele quebra nossa altivez e esvazia toda a nossa pretensão de glória pessoal. É o próprio Deus quem nos matricula na escola do sofrimento. O propósito de Deus não é a nossa destruição, mas nossa qualificação para o desempenho do ministério. O fogo da prova não pode chamuscar sequer um fio de cabelo da nossa cabeça; ele só queima as nossas amarras. O fogo da prova nos livra das amarras, e Deus nos livra do fogo. O apóstolo Paulo diz que o espinho na carne era um mensageiro de Satanás. Ao mesmo tempo que o mensageiro de Satanás infligia sofrimento ao apóstolo, esbofeteando-o com golpes fulminantes, Deus tratava com seu servo, usando essa estranha providência para mantê-lo humilde. O campo de atuação de Satanás é delimitado por Deus. Satanás intenciona esbofetear Paulo; Deus intenciona aperfeiçoar o apóstolo.

Para gerar dependência constante de Deus. Por causa disto, três vezes pedi ao Senhor que o afastasse de mim. O sofrimento levou Paulo à oração. O sofrimento nos mantém de joelhos diante de Deus para nos colocar de pé diante dos homens. Paulo sabia que Deus está no controle, não Satanás. Se Satanás realizasse seu desejo, ele teria preferido que o apóstolo Paulo fosse orgulhoso em vez de humilde. Os interesses de Satanás seriam muito melhor servidos se Paulo se tornasse insuportavelmente arrogante.

Para mostrar a suficiência da graça. Então, ele me disse: A minha graça te basta, porque o poder se aperfeiçoa na fraqueza. De boa vontade, pois, mais me gloriarei nas fraquezas, para que sobre mim repouse o poder de Cristo. A graça de Deus é melhor do que a vida. A graça de Deus é que nos capacita a enfrentar vitoriosamente o sofrimento. A graça de Deus é o tônico para a alma aflita, o remédio para o corpo frágil, a força que põe de pé o caído. A graça de Deus é a sua provisão para tudo de que precisamos, quando precisamos. A graça nunca está em falta. Ela está continuamente disponível. Não devemos orar por vida fácil. Devemos orar para sermos homens e mulheres capacitados pela graça. Não devemos orar por tarefas iguais ao nosso poder, mas orar por poder igual às nossas tarefas. *Para trazer fortalecimento de poder.* O poder de Deus se aperfeiçoa na fraqueza. Quando somos fracos, aí é que somos fortes. Esse é o grande paradoxo do cristianismo. A força que sabe que é forte na verdade é fraqueza, mas a fraqueza que sabe que é fraca na verdade é força. O poder de Deus revela-se nos fracos. Paulo pediu a Deus substituição, mas Deus lhe deu transformação. Deus não removeu sua aflição, mas lhe deu capacitação para enfrentá-la vitoriosamente. Deus não deu explicações a Paulo; fez-lhe promessas: *A minha graça te basta.* Não vivemos de explicações; vivemos de promessas. Nossos sentimentos mudam, mas as promessas de Deus são sempre as mesmas.

O poder de Deus é suficiente para o cansaço físico. Paulo suportou toda sorte de privações físicas: fome, sede e nudez. Suportou todo tipo de perseguição: foi açoitado, apedrejado, fustigado com varas e preso. Enfrentou todo tipo de perigo: de rios, mares e desertos; no campo e na cidade; entre estrangeiros, patrícios e até no meio de falsos irmãos. Enfrentou toda sorte de pressões emocionais: preocupava-se dia e noite com as igrejas. Mas o poder de Deus o sustentou em todas essas circunstâncias.

Terceiro, *o sofrimento é pedagógico.* A vida é a professora mais implacável: primeiro dá a prova e, depois, a lição. C. S. Lewis disse que "Deus sussurra em nossos prazeres e grita em nossas dores". A dor sempre tem um propósito, mais que uma causa. Deus não desperdiça sofrimento na vida de seus filhos.

Se Deus não remove o espinho é porque ele está trabalhando em nós para depois trabalhar através de nós.

Vejamos algumas lições importantes destacadas por Charles Stanley em seu livro *Como lidar com o sofrimento?*

Há um propósito divino em cada sofrimento. No começo dessa carta, Paulo diz que o nosso sofrimento e a nossa consolação são instrumentos usados por Deus para abençoar outras pessoas (2Co 1.3). Na escola da vida, Deus está nos preparando para sermos consoladores. Quando Deus não remove "o espinho" é porque tem uma razão. Deus sempre tem um propósito no sofrimento. O propósito é o de não nos ensoberbecermos.

É possível que Deus resolva revelar-nos o propósito do nosso sofrimento. No caso de Paulo, Deus decidiu revelar-lhe a razão de ser do "espinho": evitar que o apóstolo ficasse orgulhoso. Quando Paulo orou, nem perguntou por que estava sofrendo; apenas pediu a remoção do sofrimento. Não é raro Deus revelar as razões do sofrimento. Ele revelou a Moisés por que não lhe seria permitido entrar na Terra Prometida. Disse a Josué por que ele e seu exército haviam sido derrotados em Ai. O nosso sofrimento tem por finalidade nos humilhar, nos aperfeiçoar, nos burilar e nos usar. É possível, também, que Deus não nos dê explicações diante do sofrimento. Foi o que aconteceu com o patriarca Jó. Ele perdeu seus bens, seus filhos, sua saúde, o apoio de sua mulher e de seus amigos e, diante de seus questionamentos, nenhuma explicação lhe foi dada. Deus restaurou sua sorte, mas não lhe explicou a razão de seu sofrimento.

Deus nunca nos repreende se perguntamos por que ou se pedimos que ele remova o sofrimento. Não há evidência de que Deus tenha repreendido Paulo por haver pedido que removesse o espinho. Deus entende nossa fraqueza. Ele espera que clamemos quando estamos passando por sofrimento. Convida-nos a lançar sobre ele toda a nossa ansiedade.

O sofrimento pode ser um dom de Deus. Temos a tendência de pensar que o sofrimento é algo que Deus faz contra nós, não por nós. Jacó disse: *Tendes-me privado de filhos: José já não existe, Simeão não está aqui, e ides levar a Benjamim! Todas estas coisas me sobrevêm* (Gn 42.36). O espinho de Paulo era uma dádiva, porque através desse incômodo Deus protegeu Paulo daquilo que ele mais temia: ser desqualificado espiritualmente (1Co 9.27). Ele sabia que o orgulho destrói. Viu o sofrimento como algo que Deus fez a seu favor, não contra ele.

Satanás pode ser o agente do sofrimento. Espere um pouco: é Satanás ou Deus quem está por trás do espinho na carne de Paulo? Como é que um mensageiro de Satanás pode cooperar para o bem de um servo de Deus? Parece uma contradição total. A inferência é que Deus, na sua soberania, usa os mensageiros de Satanás na vida dos seus servos. As bofetadas de Satanás não anulam os propósitos de Deus, mas contribuem com eles. Até mesmo os esquemas satânicos podem ser usados em nosso benefício e no avanço do reino de Deus. O Diabo intentou contra Jó para afastá-lo de Deus, mas só conseguiu colocá-lo mais perto do Senhor.

Deus nos conforta em nossas adversidades. A resposta que Deus deu a Paulo não era a que ele esperava nem a que ele queria, mas a que ele precisava. Deus respondeu a Paulo que não o havia abandonado. Paulo não sofria sozinho. Deus estava no controle da sua vida e operava nele com eficácia.

A graça de Deus é suficiente nas horas de sofrimento. Deus não deu a Paulo o que ele pediu; deu-lhe algo melhor, melhor que a própria vida, a sua graça. A graça de Deus é melhor que a vida, pois por ela enfrentamos o sofrimento vitoriosamente. O que é graça? É a provisão de Deus para cada uma das nossas necessidades. O nosso Deus é o Deus de toda a graça (1Pe 5.10). *Pode ser que Deus decida que é melhor não remover o sofrimento.* De todos os princípios, esse é o mais difícil. Quantas vezes nós já pensamos e falamos: "Senhor, por que estou sofrendo? Por que desse jeito? Por que até agora? Por que o Senhor ainda não agiu?" Joni Eareckson Tada ficou tetraplégica e, numa cadeira de rodas, dá testemunho de Jesus. Fanny Crosby ficou cega com 42 dias de vida e morreu aos 92 anos sem jamais ter perdido a doçura. Escreveu mais de quatro mil hinos. Dietrich Bonhoeffer foi enforcado no dia 9 de abril de 1945 numa prisão nazista. Se Deus não remover o sofrimento, ele nos assistirá em nossa fraqueza, nos consolará com sua graça e nos fortalecerá com seu poder.

Nossa alegria não se baseia na natureza de nossas circunstâncias. O que determina a vida de um indivíduo não é o que lhe acontece, mas como reage ao que lhe acontece. Não é o que as pessoas lhe fazem, mas como responde a essas pessoas. Há pessoas que são infelizes tendo tudo; há outras que são felizes não tendo nada. A felicidade não está fora, mas dentro de nós. Há pessoas que pensam que a felicidade está nas coisas: casa, carro, trabalho, renda. Mas Paulo era feliz mesmo passando por toda sorte de adversidades (2Co 11.24-27). Mesmo enfrentando todas essas lutas, foi capaz de afirmar: *Pelo que sinto prazer nas fraquezas, nas injúrias, nas necessidades, nas perseguições, nas angústias, por amor de Cristo. Porque, quando sou fraco, então, é que sou forte* (2Co 12.10). O mesmo Paulo comenta na sua carta aos Filipenses:

> *Não estou dizendo isso porque esteja necessitado, pois aprendi a adaptar-me a toda e qualquer circunstância. Sei o que é*

passar necessidade e sei o que é ter fartura. *Aprendi o segredo de viver contente em toda e qualquer situação, seja bem alimentado, seja com fome, tendo muito, ou passando necessidade* (Fp 4.11,12, NVI).

A chave para crescermos nos sofrimentos é vê-los em função do amor de Cristo. Paulo sofria por amor a Cristo. Sua razão de viver era glorificar a Cristo. O que importava era agradar a Cristo, servir a Cristo, tornar Cristo conhecido. Jim Elliot, o missionário mártir entre os aucas, disse: "Não é tolo perder o que não se pode reter, para ganhar o que não se pode perder". Deus pode usar até o nosso sofrimento para a sua glória. Paulo diz aos filipenses que as coisas que lhe aconteceram contribuíram para o progresso do evangelho (Fp 1.12).

Quarto, *o sofrimento é passageiro.* O sofrimento deve ser visto à luz da revelação do céu, do paraíso. O sofrimento do tempo presente não é para se comparar com as glórias a serem reveladas em nós (Rm 8.18). [...] *a nossa leve e momentânea tribulação produz para nós eterno peso de glória* (2Co 4.17). Aqueles que têm a visão do céu são os que triunfam diante do sofrimento. Aqueles que ouvem as palavras inefáveis do paraíso são os que não se intimidam com o rugido do leão.

Deus mostrou a glória da herança antes do fogo do sofrimento. Deus abriu as cortinas do céu antes de apontar as areias esbraseantes do deserto. O sofrimento é por breve tempo; o consolo é eterno. A dor vai passar; o céu jamais! A caminhada pode ser difícil. O caminho pode ser estreito. Os inimigos podem ser muitos. O espinho na carne pode doer. Mas a graça de Cristo nos basta. Só mais um pouco e estaremos para sempre com o Senhor. Então o espinho será tirado, as lágrimas serão enxugadas, e não haverá mais pranto nem luto nem dor.

Capítulo 4

Estêvão, o martírio cristão

HERNANDES DIAS LOPES

Três foram as tentativas de impedir o avanço da igreja primitiva: a perseguição (At 4), a infiltração (At 5) e a distração (At 6). Já que Satanás não conseguiu derrotar a igreja de fora para dentro através da perseguição, nem de dentro para fora por meio da corrupção, agora tenta desviar o foco de sua liderança para o serviço das mesas. Curiosamente, o que estava ameaçando a igreja então não era uma coisa ruim, mas algo bom, a assistência social. O problema é que os apóstolos estavam perdendo a sua prioridade, correndo de um lado para o outro, ocupados com o atendimento às pessoas necessitadas e deixando de lado a oração e o ministério da palavra.

O texto em apreço nos enseja várias lições, o que doravante vamos expor.

A MURMURAÇÃO NA IGREJA

Com o colossal crescimento da igreja, vieram no pacote alguns problemas. Lucas relata: *Ora, naqueles dias, multiplicando-se o número dos discípulos, houve murmuração dos helenistas contra os hebreus, porque as viúvas deles estavam sendo esquecidas na distribuição diária* (At 6.1). O crescimento numérico da igreja sempre trará na bagagem problemas potenciais que precisam ser enfrentados com urgência e sabedoria. As viúvas dos helenistas, aqueles convertidos que vieram da Dispersão e não falavam o hebraico,[1] começaram a ser esquecidas na distribuição diária. A injusta distribuição dos recursos gerou na igreja murmuração. O som da palavra grega "murmuração" sugere o zumbir das abelhas.[2] Havia um bochicho no meio da comunidade cristã que estava pondo em risco a comunhão da igreja. A comunhão que fora atacada pela hipocrisia de Ananias e Safira estava agora, novamente, sendo ameaçada pela injustiça.

É muito provável que esse esquecimento das viúvas helenistas não fosse proposital. A queixa acabava recaindo sobre os apóstolos, pois estavam encarregados dessa distribuição (At 4.35,37). Uma medida imediata precisava ser tomada para corrigir o problema. Os apóstolos não foram negligentes nem remissos. Eles agiram com rapidez e sabedoria para estancar aquela hemorragia que colocava em risco a paz interna da igreja e o seu testemunho externo.

A DECISÃO DOS APÓSTOLOS

O problema identificado (At 6.1) encontrou imediata solução (At 6.2-6), e o resultado foi o crescimento da igreja (At 6.7). Ralph Earle diz que aqui temos uma ajuda prática para solucionar problemas: 1) reconhecer o problema (At 6.1,2a); 2) recusar-se a subordinar o que é essencial (At 6.2b); 3) remover as causas de reclamações (At 6.3-6); 4) colher os resultados de uma solução sensata (At 6.7).[3]

---

[1] GONZÁLEZ, Justo L. *Atos*, p. 115.
[2] EARLE, Ralph. *Livro de Atos dos Apóstolos, Comentário bíblico Beacon*, vol. 7, p. 247.
[3] Ibid., p. 250.

ESTÊVÃO, O MARTÍRIO CRISTÃO   69

Os apóstolos não ficaram na defensiva. Eles acolheram as críticas dos helenistas e tiveram coragem de fazer uma correção de rota na ação. Alguém já disse que o sucesso é "o ninho do ano anterior, do qual os pássaros já voaram embora".[4] Aquilo que funcionou bem ontem pode não ser mais funcional nem relevante hoje. Não podemos sacralizar as estruturas. Elas são facilitadoras, não impedidoras, do avanço da obra. Em vez de os apóstolos se desgastarem ainda mais no trabalho do serviço às mesas, ampliaram o quadro de obreiros. É conhecido o que Dwight Moody costumava dizer: "É melhor colocar dez homens para trabalhar do que tentar fazer o trabalho de dez homens". Warren Wiersbe diz que "a igreja apostólica não teve medo de fazer ajustes em sua estrutura, a fim de dar espaço para a expansão do ministério. É triste quando as igrejas destroem ministérios por se recusarem a modificar suas estruturas".[5]

Três verdades nos chamam a atenção no texto em tela:

O perigo da distração (At 6.2). *Então, os doze convocaram a comunidade dos discípulos e disseram: Não é razoável que nós abandonemos a palavra de Deus para servir às mesas.* Entenda-se essa expressão "servir às mesas" como uma metonímia: "garantir que as necessidades das viúvas sejam atendidas" ou "ocupar-se de questões financeiras e administrativas".[6] Concordo com John Stott quando diz que não há aqui nenhuma sugestão de que os apóstolos considerassem a obra social inferior à obra pastoral, ou que a achassem pouco digna para eles. Era apenas uma questão de chamado.[7] Aos apóstolos, foram confiados os oráculos de Deus. Eles foram encarregados

---

[4] WIERSBE, Warren W. *Comentário bíblico expositivo*, vol. 5, p. 556.
[5] Ibid., p. 556-557.
[6] STERN, David H. *Comentário judaico do Novo Testamento*, p. 268.
[7] STOTT, John. *A mensagem de Atos*, p. 134.

70 SOFRIMENTO, O PREÇO DA MISSÃO

de ensinar a palavra e fazer discípulos de todas as nações. Cabia a eles a diaconia da palavra, não a diaconia das mesas. A assistência às viúvas pobres era um trabalho justo e necessário, mas não era a prioridade dos apóstolos. Eles não podiam abandonar a trincheira da oração e o ministério da palavra para focar outra área. A distração seria uma armadilha mortal. *A diaconia das mesas* (At 6.3). *Mas, irmãos, escolhei dentre vós sete homens de boa reputação, cheios do Espírito e de sabedoria, aos quais encarregaremos deste serviço.* Os apóstolos entenderam a legitimidade da diaconia das mesas. Eles reafirmaram a necessidade de continuar o serviço de assistência aos pobres. A evangelização não anula a ação social, nem esta dispensa aquela. A solução, porém, não era os apóstolos deixarem a oração e a palavra para se dedicarem àquela causa urgente, mas escolher homens com credenciais para exercer esse ministério. Sou da opinião de que começa aqui o ministério diaconal na igreja. Os diáconos foram escolhidos não pelos apóstolos, mas pela igreja. Dentre os membros da igreja, com credenciais preestabelecidas, sete homens foram eleitos para exercerem a diaconia das mesas.

A diaconia da palavra (At 6.4). [...] *e, quanto a nós, nos consagraremos à oração e ao ministério da palavra.* Deus chama todo o seu povo para o ministério; ele chama pessoas diferentes para ministérios diferentes, e aqueles chamados para a "oração e o ministério da palavra" não devem permitir que sejam desviados de suas prioridades.[8] Adolf Pohl diz que os apóstolos realmente honram a Deus e confirmam que o ser humano não vive somente de pão, mas de toda palavra que procede da boca de Deus, e que a mensagem que lhes foi

[8] Ibid., p. 135.

ESTÊVÃO, O MARTÍRIO CRISTÃO   71

confiada compõe-se literalmente das *palavras desta Vida* (At 5.20), das quais depende a vida eterna das pessoas.[9] Dessa forma, Lucas destaca dois ministérios na igreja: a diaconia das mesas (At 6.2,3) e a diaconia da palavra (At 6.4); a ação social e a pregação do evangelho. A igreja, algumas vezes, caiu em extremos quanto a essa matéria. O pietismo no século 17 caiu no extremo de ver o homem apenas como uma alma a ser salva, e a teologia da libertação no século 20, apenas como um corpo a ser assistido. A salvação de Deus, porém, alcança o homem integral, alma e corpo. O ministério das mesas não substitui o ministério da palavra, nem o ministério da palavra dispensa o ministério das mesas.

John Stott enfatiza que nenhum ministério é superior ao outro. Ambos são ministérios cristãos que visam servir a Deus e ao seu povo. Ambos exigem pessoas espirituais, "cheias do Espírito Santo" para exercê-los. A única diferença está na forma que cada ministério assume, exigindo dons e chamados diferentes.[10] Concordo com Marshall quando diz que não se sugere aqui que "servir às mesas" está num nível mais baixo do que as orações e o ensino; a ênfase dirige-se ao fato de que a tarefa à qual os doze foram especificamente chamados era de testemunho e evangelização.[11]

Essa decisão dos apóstolos é um divisor de águas na história da igreja. Aqueles que foram chamados para pregar a palavra precisam se esmerar no ensino, se afadigar na palavra, a fim de ser obreiros aprovados. Se os apóstolos tivessem abandonado a oração e o ministério da palavra para servir às mesas, a igreja teria perdido seu foco e seu poder.

---

[9] POHL, Adolf. *Atos dos Apóstolos*, p. 104-105.
[10] STOTT, John. *A mensagem de Atos*, p. 135.
[11] MARSHALL, I. Howard. *Atos: introdução e comentário*, p. 123.

A APROVAÇÃO DO POVO

A decisão dos apóstolos trouxe glória ao nome de Deus, paz para a igreja e solução para os problemas. Lucas registra o fato assim: *O parecer agradou a toda a comunidade; e elegeram Estêvão, homem cheio de fé e do Espírito Santo, Filipe, Prócoro, Nicanor, Timão, Pármenas e Nicolau, prosélito de Antioquia* (At 6.5). As decisões feitas de conformidade com a vontade de Deus agradam a igreja de Deus. Quando a igreja age em obediência à palavra, reina paz em seu meio. Quando os líderes da igreja são governados pelos princípios de Deus, o trabalho é dividido e não há sobrecarga. Quando a igreja escolhe sua liderança sob a égide dos preceitos divinos, as tensões são resolvidas, as necessidades são supridas e a igreja cresce com mais ousadia (At 6.7).

A ORDENAÇÃO DOS DIÁCONOS

Os primeiros diáconos foram escolhidos por ordem apostólica (At 6.3). Foram escolhidos para atender a uma necessidade específica (At 6.3). Foram escolhidos dentre os membros da igreja (At 6.3). Foram escolhidos com base em três critérios específicos: deveriam ser homens de boa reputação, cheios do Espírito e de sabedoria (At 6.3). Foram ordenados com imposição de mãos dos apóstolos (At 6.6). Daí em diante o diaconato passou a ser um ofício na igreja (1Tm 3.8-13).

O CRESCIMENTO DA IGREJA

O resultado da medida tomada pelos apóstolos serenou os ânimos dos helenistas, estancou a murmuração, trouxe contentamento para a igreja, distribuiu o trabalho e liberou os apóstolos para focarem o ministério que lhes havia sido confiado. O resultado foi o crescimento da palavra de Deus,

ESTÊVÃO, O MARTÍRIO CRISTÃO   73

a multiplicação do número de discípulos e a conversão de muitíssimos sacerdotes. Lucas faz o seguinte relato: *Crescia a palavra de Deus, e, em Jerusalém, se multiplicava o número dos discípulos; também muitíssimos sacerdotes obedeciam à fé* (At 6.7). Os dois verbos, "crescia" e "multiplicava", estão no tempo imperfeito, indicando que o crescimento da palavra e a multiplicação da igreja eram contínuos (At 6.7; 9.31; 12.24; 16.5; 19.20; 28.30,31).[12] Supõe-se que naquele tempo existissem cerca de dezoito mil sacerdotes e levitas ligados ao serviço do templo. Muitíssimos deles estavam sendo convertidos a Cristo. Adolf Pohl diz que a palavra de Deus é tão poderosa que invade até as fileiras dos adversários, pois muitíssimos sacerdotes obedeciam à fé evangélica.[13]

Se os apóstolos tivessem perdido o foco para se dedicarem à diaconia das mesas, não haveria crescimento da palavra, e sem o crescimento da palavra não há crescimento numérico saudável da igreja. Quando a palavra cresce, a igreja cresce. A palavra é o principal instrumento usado por Deus para levar sua igreja ao crescimento espiritual e numérico. Sempre que a palavra de Deus foi proclamada com fidelidade e poder, integridade e relevância, a igreja cresceu. Sempre que a palavra de Deus foi negligenciada, a igreja perdeu o seu vigor e se corrompeu.

O crescimento da igreja agora atinge também muitíssimos sacerdotes do partido dos saduceus, a classe religiosa que liderava a perseguição à igreja. Lucas faz questão de relatar o espantoso crescimento da igreja, oferecendo-nos estatísticas assaz otimistas:

- Atos 1.15 — 120 pessoas.
- Atos 2.41 — Quase três mil pessoas.

---

[12] STOTT, John. *A mensagem de Atos*, p. 136.
[13] POHL, Adolf. *Atos dos Apóstolos*, p. 108.

- Atos 4.4 — Quase cinco mil pessoas.
- Atos 5.14 — Crescia mais e mais a multidão de crentes.
- Atos 6.1 — Multiplicava-se o número dos discípulos.
- Atos 6.7 — Crescia a palavra de Deus e, em Jerusalém, se multiplicava o número dos discípulos; também muitíssimos sacerdotes obedeciam à fé.
- Atos 9.31 — A igreja crescia em número.
- Atos 16.5 — As igrejas aumentavam em número.

O EXEMPLO DE ESTÊVÃO

O historiador Lucas destaca, dentre os sete diáconos, o primeiro da lista, Estêvão. Ele foi fiel tanto em sua vida quanto em sua morte. Viveu de forma superlativa e morreu de forma exemplar. "Coroa" é o significado do nome de Estêvão, o diácono que se tornou o protomártir do cristianismo. Assentou-lhe bem o nome porque foi o primeiro a receber a coroa do martírio na igreja.[14]

Estêvão não limitou seu ministério a servir às mesas; também ganhou almas para Cristo e operou milagres.[15] Marshall diz que Estêvão levou a efeito um ministério apostólico de pregação e cura. Enfrentou oposição da parte de membros das sinagogas de língua grega, que finalmente apelaram ao método de inventar acusações contra ele. Essas acusações enfureceram os judeus de língua grega e também os líderes judeus de língua hebraica, que faziam parte do concílio que ouvia as acusações contra Estêvão.[16] O tratamento que Estêvão recebeu é paralelo à forma pela qual os líderes judeus trataram Jesus. Primeiro, contrataram testemunhas para depor

---

[14] NEVES, Mário. *Atos dos Apóstolos*, p. 96-97.
[15] WIERSBE, Warren W. *Comentário bíblico expositivo*, vol. 5, p. 557.
[16] MARSHALL, I. Howard. *Atos: introdução e comentário*, 1982, p. 124-125.

ESTÊVÃO, O MARTÍRIO CRISTÃO   75

contra ele. Segundo, instigaram o povo, que, por sua vez, o
acusou de atacar a Lei de Moisés e o templo. Por fim, depois
de ouvirem seu testemunho, o executaram.[17]
Quatro foram as marcas desse gigante de Deus:
Sua vida era irrepreensível (At 6.3). [...] *homens de boa
reputação, cheios do Espírito e de sabedoria...* Estêvão (como
os demais diáconos) era homem de boa reputação, cheio do
Espírito e de sabedoria. A vida dele era a vida do seu ministério. O caráter dele era o alicerce de seu trabalho. Não havia
um abismo entre vida e trabalho, palavras e obras, caráter e
performance. É lamentável que tantos líderes hoje estejam
em descrédito, porque, embora estejam ocupando lugares de
honra, vivem de forma desprezível.

Se existe uma palavra que caracteriza a vida de Estêvão,
é *cheio*. Ele era um homem cheio de Deus. Sua vida não era
apenas irrepreensível, mas também plena. Destacaremos aqui
alguns aspectos dessa plenitude:

Primeiro, Estêvão era cheio do Espírito Santo (At 6.3,5).
Todo homem está cheio de alguma coisa. Está cheio do Espírito ou de si mesmo. Está cheio de Deus ou de pecado.

Segundo, Estêvão era cheio de fé (At 6.5). Estêvão foi salvo
pela fé, vivia pela fé, vencia o mundo pela fé e era cheio de fé.

Terceiro, Estêvão era cheio de sabedoria (At 6.3). Sabedoria é mais do que conhecimento; é o uso correto do conhecimento. É olhar para a vida com os olhos de Deus.

Quarto, Estêvão era cheio de graça (At 6.8). Havia em Estêvão
graça abundante. Sua vida era uma fonte de bênção. Seu coração
era generoso; suas mãos, dadivosas; e sua vida, um vaso transbordante de graça. Estêvão era um homem cheio de doçura.

---

[17] WIERSBE, Warren W., op. cit., p. 557.

76 SOFRIMENTO, O PREÇO DA MISSÃO

Quinto, Estêvão era cheio de poder (At 6.8). Estêvão era um homem revestido com o poder de Deus para fazer milagres e muitos sinais entre o povo. Ele falava e fazia; pregava e demonstrava. Suas palavras eram irresistíveis, e suas obras, irrefutáveis. Até o momento, Lucas creditara prodígios e sinais apenas a Jesus (At 2.22) e aos apóstolos (At 2.43; 5.12); agora, pela primeira vez, diz que outros os realizavam (At 6.8; 8.6).[18] Adolf Pohl diz que "graça" e "poder" formam uma unidade. Graça impotente de nada adianta, e poder sem graça é terrível. Porém, por ser cheio de graça e poder, Estêvão fez grandes prodígios e sinais entre o povo.[19]

Suas obras eram irrefutáveis (At 6.8,9). *Estêvão, cheio de graça e poder, fazia prodígios e grandes sinais entre o povo. Levantaram-se, porém, alguns dos que eram da sinagoga chamada dos Libertos, dos cireneus, dos alexandrinos e dos da Cilícia e Ásia, e discutiam com Estêvão.* David Stern diz que pessoas que possuem histórico cultural e social semelhante normalmente optam por adorar juntas. Os escravos libertos provavelmente eram judeus de Cirene e de Alexandria, da Cilícia e da província da Ásia, que tinham sido capturados e escravizados pelos romanos. O general Pompeu, que capturou Jerusalém em 63 a.C., fez prisioneiros diversos judeus e os libertou mais tarde em Roma. Entretanto, pode ser que alguns fossem gentios que se converteram ao judaísmo.[20]

Era nesse contexto de oposição que Estêvão, cheio de graça e poder, fazia prodígios e grandes sinais entre o povo. Estêvão não tinha apenas uma vida irrepreensível, mas também obras irrefutáveis. Suas obras referendavam sua vida. Era um

---

[18] STOTT, John. *A mensagem de Atos*, p. 140.
[19] POHL, Adolf. *Atos dos Apóstolos*, p. 109.
[20] STERN, David H. *Comentário judaico do Novo Testamento*, p. 269.

ESTÊVÃO, O MARTÍRIO CRISTÃO 77

homem cheio de graça e poder. Ele falava e fazia. Pregava aos ouvidos e aos olhos. Por meio dele, prodígios e grandes sinais eram feitos entre o povo. Ninguém podia contestar sua vida nem negar os milagres que Deus operava por seu intermédio. Mas, apesar de todas as qualidades extraordinárias de Estêvão, o seu ministério provocou um antagonismo feroz.[21] Três foram os estágios desse antagonismo: discussão (At 6.9b,10), difamação (At 6.11,12a) e condenação (At 6.12b—7.60). *Suas palavras eram irresistíveis* (6.10-14). Um homem cheio do Espírito, de fé, de sabedoria, de graça e poder é amado no céu e odiado pelo mundo; faz maravilhas entre os homens e ganha a oposição dos inimigos da cruz. Não foi diferente com Estêvão. Eis o relato de Lucas:

> *e não podiam resistir à sabedoria e ao Espírito, pelo qual ele falava. Então, subornaram homens que dissessem: Temos ouvido este homem proferir blasfêmias contra Moisés e contra Deus. Sublevaram o povo, os anciãos e os escribas e, investindo, o arrebataram, levando-o ao Sinédrio. Apresentaram testemunhas falsas, que depuseram: Este homem não cessa de falar contra o lugar santo e contra a lei; porque o temos ouvido dizer que esse Jesus, o Nazareno, destruirá este lugar e mudará os costumes que Moisés nos deu* (At 6.10-14).

Os adversários de Estêvão não podiam resistir à sabedoria e ao Espírito pelo qual ele falava. Suas palavras eram irresistíveis. Havia virtude de Deus em seus lábios. Então, não podendo suplantá-lo na argumentação, tramaram contra ele, como fizeram com Jesus, e subornaram homens covardes,

---

[21] Stott, John. *A mensagem de Atos*, p. 140.

78 SOFRIMENTO, O PREÇO DA MISSÃO

que acusaram Estêvão de blasfêmia. A acusação contra ele foi leviana, mas acabou sendo acolhida pelos membros do Sinédrio. Mário Neves diz que os antagonistas de Estêvão, não podendo vencê-lo pela razão, recorreram à mentira, à calúnia e ao suborno, conseguindo, assim, amotinar o povo, os anciãos e os escribas.[22]

A acusação contra Estêvão era dupla. Acusaram-no de blasfêmia contra Moisés e contra Deus; contra o templo e contra a Lei (At 6.11). Perante o magno Sinédrio judaico, as testemunhas, subornadas pelos líderes religiosos, assacaram contra Estêvão pesados libelos: *Este homem não cessa de falar contra o lugar santo e contra a lei* (At 6.13). William Barclay diz que duas coisas eram especialmente preciosas para os judeus: o templo e a Lei. Eles entendiam que só no templo se podia oferecer sacrifícios e só ali se podia adorar verdadeiramente a Deus. Eles entendiam que a Lei jamais poderia ser mudada, mas acusavam Estêvão de dizer que o templo desapareceria e que a Lei nada mais era do que um passo para o evangelho.[23]

Essas acusações eram gravíssimas, uma vez que o templo era o lugar santo, símbolo da presença de Deus entre o povo, e a Lei era a revelação da vontade de Deus para o povo. Falar contra a casa de Deus e contra a palavra de Deus era blasfêmia, e blasfêmia era um pecado sentenciado com a morte. Marshall destaca que foi a mesma preocupação zelosa contra o templo, da parte dos judeus da Dispersão, que formou a ocasião para a prisão posterior de Paulo (At 21.28).[24]

É importante ressaltar que essas mesmas acusações foram feitas contra Jesus, usando também o artifício das falsas

---

[22] NEVES, Mário. *Atos dos Apóstolos*, p. 98.
[23] BARCLAY, William. *Hechos de los Apostoles*, p. 61.
[24] MARSHALL, I. Howard. *Atos: introdução e comentário*, p. 125.

ESTÊVÃO, O MARTÍRIO CRISTÃO 79

testemunhas. Jesus foi condenado pelo pecado de blasfêmia por esse mesmo Sinédrio. Eles haviam interpretado de forma errada as palavras de Jesus tanto sobre o templo como sobre a Lei. Quando Jesus disse: *Eu destruirei este santuário edificado por mãos humanas e, em três dias, construirei outro, não por mãos humanas* (Mc 14.58), julgaram que Jesus estivesse conspirando contra o templo para substituí-lo. Porém, Jesus estava falando do santuário do seu corpo (Jo 2.21). Jesus é maior do que o templo e é, de fato, o novo templo de Deus, que substituiria o antigo (Mt 12.6). Mais tarde, no seu sermão profético, Jesus profetizou a destruição do templo (Lc 21.5,6). Marshall diz que, ao criticar o templo e ao ensinar a sua substituição, Jesus referiu-se à sua própria pessoa. Representava, ele mesmo, a nova dimensão da comunhão com Deus que haveria de ultrapassar o culto antigo. No seu aspecto negativo, tratava-se de uma aguda crítica contra o templo propriamente dito e o seu culto; no seu aspecto positivo, significava uma nova comunhão com Deus, centralizada nele mesmo, que tomava o lugar do templo.[25]

Os judeus acusaram Jesus, de igual forma, de desrespeitar a Lei. Os escribas e fariseus, com muita frequência, acusaram Jesus de violar o sábado. Na verdade, Jesus não foi um transgressor da Lei. Ele veio não para violar a Lei, mas para cumpri-la. Jesus afirmou: *Não penseis que vim revogar a Lei ou os Profetas; não vim para revogar, vim para cumprir* (Mt 5.17). Jesus é o fim da Lei (Rm 10.4). Ele cumpriu a Lei por nós e morreu por nós. Tornou-se o sacerdote e o sacrifício. Nele somos aceitos por Deus. Sendo assim, Jesus é o substituto do templo e o cumprimento da Lei. Tanto o templo como a Lei apontavam para Jesus. John Stott diz corretamente: "Afirmar

[25] Ibid., p. 127.

80 SOFRIMENTO, O PREÇO DA MISSÃO

que o templo e a Lei apontavam para Cristo e que estão agora cumpridos nele é aumentar sua importância, não negá-la".[26] Estêvão não blasfemava contra o templo nem contra a Lei. Ao contrário, estava alinhado com a mesma interpretação de Jesus (Jo 2.19; Mc 14.58; 15.29). Porém, a luz da verdade cegou os olhos dos membros do Sinédrio em vez de clarear sua mente. A oposição desceu da teologia para a violência. Essa mesma ordem de acontecimentos repete-se muitas vezes. No início, há um sério debate teológico. Quando isso fracassa, as pessoas começam uma campanha pessoal de mentiras. Finalmente, recorrem a ações legais ou quase legais numa tentativa de se livrar do adversário pela força.[27] Em vez de acolher a mensagem da verdade com humildade, o Sinédrio preferiu sentenciar à morte o mensageiro.

Sua paz era inexplicável (At 6.15). *Todos os que estavam assentados no Sinédrio, fitando os olhos em Estêvão, viram o seu rosto como se fosse rosto de anjo.* A serenidade de Estêvão reprova a fúria dos acusadores. A paz de Estêvão denuncia o ódio dos membros do Sinédrio. Trata-se da descrição de uma pessoa que fica perto de Deus e reflete algo da sua glória, como resultado de estar na sua presença.[28]

John Stott tem toda a razão quando afirma que é significativo que o conselho, olhando para o prisioneiro no banco dos réus, visse seu rosto brilhando como se fosse o de um anjo, pois foi exatamente isso o que ocorreu no rosto de Moisés quando desceu do monte Sinai com as tábuas da Lei (Êx 34.29). Não terá sido propósito deliberado de Deus dar a Estêvão, acusado de se opor à Lei, o mesmo rosto radiante dado

---

[26] STOTT, John. *A mensagem de Atos*, p. 143.
[27] STOTT, John. *A mensagem de Atos*, p. 141.
[28] MARSHALL, I. Howard. *Atos: introdução e comentário*, p. 127.

ESTÊVÃO, O MARTÍRIO CRISTÃO   81

a Moisés quando este recebeu a Lei? Dessa forma, Deus estava mostrando que tanto o ministério da Lei de Moisés como a interpretação de Estêvão tinham sua aprovação.[29] Era como se Deus estivesse dizendo: "Este homem não é contra Moisés; ele é como Moisés!"[30] Assim como o rosto de Jesus se transfigurou no monte, também o semblante de Estêvão se iluminou com a glória do outro mundo. Essa cena retrata vividamente a diferença entre um judaísmo decadente e um cristianismo cheio do Espírito.[31]

ESTÊVÃO, O PROTOMÁRTIR DO CRISTIANISMO

A multidão alvoroçada arrastou Estêvão até o Sinédrio. Os 71 membros desse ínclito concílio se reúnem para ouvir o réu. O sumo sacerdote, presidente do tribunal, interroga Estêvão acerca das acusações que pesam contra ele (At 7.1). Em sua defesa, Estêvão profere um longo e articulado discurso, fazendo uma retrospectiva da história da redenção, deixando meridianamente claro que era inocente das acusações assacadas contra ele. Mas não foi só isso. Estêvão virou o jogo, pois, ao mesmo tempo que alinhavava sua defesa, montava, também, uma completa peça de acusação contra seus acusadores. Estêvão, com audácia, sai do banco dos réus e acusa os judeus, com coragem invulgar, de desobedecerem à Lei, desonrarem o templo e matarem o Messias.

Em vez de reconhecerem seus pecados e acolherem com mansidão a verdade das Escrituras, como fizeram as quase três

[29] STOTT, John. Op. cit., p. 143.
[30] WIERSBE, Warren W. Comentário bíblico expositivo, vol. 5, p. 558.
[31] EARLE, Ralph. Livro de Atos dos Apóstolos, Comentário bíblico Beacon, vol. 7, p. 252.

82 SOFRIMENTO, O PREÇO DA MISSÃO

mil pessoas no dia de Pentecostes, esses juízes ensandecidos e implacáveis arremeteram-se contra Estêvão e o apedrejaram, arrancando da terra aquele que lhes pregava a verdade. Estava confirmada a acusação de Estêvão. Eles eram do mesmo estofo de seus pais, que mataram os profetas.

O discurso de Estêvão rememora os capítulos mais importantes da história de Israel: o período patriarcal, o amargo cativeiro, o êxodo, a outorga da Lei, a monarquia, a construção do templo e a vinda do Messias. Alguns personagens ganham atenção especial, como Abraão, José, Moisés, Davi e Salomão, culminando no Messias. A característica comum a esses períodos (patriarcal, exílio, êxodo e monarquia) é que em nenhum deles a presença de Deus esteve limitada a um lugar específico. Pelo contrário, o Deus do Antigo Testamento era o Deus vivo, o Deus em movimento, em marcha, que sempre estava chamando o seu povo para novas aventuras e sempre acompanhando e guiando-o em sua caminhada.[32] Os judeus haviam interpretado erradamente a palavra de Deus, julgando que a presença de Deus estava limitada e circunscrita a Israel e a seu templo. Estêvão mostra que as grandes aparições e intervenções de Deus aconteceram fora de Israel e fora do templo. Deus apareceu para Abraão na Mesopotâmia. Manifestou-se a José no Egito. Chamou Moisés do deserto de Midiã. O trono de Deus está no céu, não numa casa feita por mãos humanas.

A defesa de Estêvão pode ser dividida em cinco pontos, conforme Thomas Whitelaw.[33]

Em primeiro lugar, *a quem foi dirigida a sua defesa?* Estêvão se dirige ao Sinédrio judaico, ao povo judeu em geral e a todos

[32] STOTT, John. *A mensagem de Atos*, p. 145.
[33] WHITELAW, Thomas. *The Preacher's Complete Homiletic Commentary on the Acts of the Apostles*, vol. 25, p. 150-152.

ESTÊVÃO, O MARTÍRIO CRISTÃO 83

os que em épocas posteriores possam estar sob as mesmas circunstâncias.

Em segundo lugar, *em que espírito foi proferida a sua defesa?* Duas atitudes regeram as palavras de Estêvão em sua defesa: afeição e reverência. Estêvão chama seus interlocutores de "irmãos" e "pais" (At 7.2).

Em terceiro lugar, *de que declarações foi composta a sua defesa?* Estêvão faz um relato histórico e depois uma aplicação prática. Ele traz a lume o tempo dos patriarcas (At 7.2-16), de Moisés (At 7.17-46) e dos profetas, ou seja, o tempo da construção do templo (At 7.46-53). Como José, cujos irmãos o venderam por inveja, mas a quem Deus livrou e levantou como preservador, Cristo foi rejeitado por eles e entregue à morte, mas Deus o ressuscitou, o exaltou e o colocou como Salvador, para dar arrependimento a Israel e remissão de seus pecados. Como Moisés, que foi rejeitado por seus irmãos como libertador, Deus também o levantou como o libertador do seu povo do amargo cativeiro. Como os homens de Israel no deserto, que preferiram o tabernáculo de Moloque ao que Deus havia ordenado construir, e como o povo que profanou o templo, fazendo orgias na casa de Deus em vez de adorar o verdadeiro Deus, assim também os judeus estavam rejeitando Cristo e agarrando-se apenas ao templo e a rituais vazios e sem vida.

Em quarto lugar, *com que argumentos sua defesa foi feita?* Os judeus estavam dizendo que a verdadeira adoração a Deus deveria estar atrelada à Lei de Moisés. Mas isso não era possível, porque o Deus da glória havia aparecido ao pai da nação na Mesopotâmia, muito antes da Lei de Moisés. Logo, a verdadeira adoração teve sua origem não no Sinai, mas em Ur dos caldeus; não com Moisés, mas com Abraão. Ainda mais, a promessa do Messias, que era o cerne do mosaísmo, foi dada a Abraão antes que ele tivesse descendente, ou que alguém pudesse deleitar-se na Lei. De igual forma, o pacto da circuncisão, em que todo judeu se gloriava como a essência da Lei, não havia começado com Moisés, mas com Abraão. Finalmente, a presença de Deus com seu povo para protegê-lo e libertá-lo não começara no Sinai, mas com José no Egito (At 7.10,14,15).

Os judeus também estavam dizendo que a verdadeira adoração deveria estar atrelada ao templo. Mas também isso era impossível, porque no deserto o tabernáculo, que era uma sombra do templo, foi profanado pelos judeus, uma vez que eles ofereceram não os sacrifícios prescritos por Deus, mas sacrificaram a Moloque e a Renfã (At 7.42,43). Quando o templo foi edificado, os judeus passaram a adorar o templo em vez de adorar a Deus no templo (Jr 7.7). Mas o profeta Isaías diz: *O céu é o meu trono* (At 7.49). A existência do templo não impediu que os judeus resistissem ao Espírito Santo, matassem os profetas de Deus e traíssem e assassinassem o Messias (7.51,52).

Em quinto lugar, *que resultados a defesa de Estêvão produziu?* Em relação aos ouvintes, provocou fúria e destempero. Em relação a Estêvão, provocou seu martírio. Foi uma eterna recompensa para um breve serviço, uma curta vergonha seguida por uma longa fama, uma pequena perda diante de um ganho eterno.

Esse longo discurso de Estêvão é considerado "uma proclamação sutil e inteligente do evangelho".[34] John Stott diz que a preocupação de Estêvão era demonstrar que sua posição, longe de ser uma blasfêmia por desrespeito à palavra de Deus, a honrava e glorificava. Isso porque o próprio Antigo Testamento confirmava o seu ensino sobre o templo e a Lei,

---

[34] STOTT, John. *A mensagem de Atos*, p. 144.

ESTÊVÃO, O MARTÍRIO CRISTÃO   85

especialmente ao profetizar sobre o Messias. Portanto, eram eles que estavam negando a Lei, não Estêvão.[35] Estêvão confronta com grande vigor os homens que haviam matado Jesus. A consciência deles ainda está cauterizada. Em vez de demonstrar arrependimento, estão rilhando os dentes, apanhando pedras para cometer outro crime horrendo. A morte de Estêvão, possivelmente, não foi um juízo, mas um linchamento, uma vez que o Sinédrio não tinha competência para aplicar a pena capital a ninguém. O que matou Estêvão foi uma explosão de ira cega e incontrolada.[36] Encontramos no texto em tela a última olhada de Estêvão para o céu (At 7.55), o último testemunho de Estêvão por Cristo (At 7.56), a última súplica de Estêvão por si mesmo (At 7.59) e a última oração de Estêvão pelos seus inimigos (At 7.60).[37]

---

[35] Ibid.
[36] BARCLAY, William. *Hechos de los Apostoles*, p. 70.
[37] WHITELAW, Thomas. *The Preacher's Complete Homiletic Commentary on the Acts of the Apostles*, vol. 25, p. 169-170.

Capítulo 5

Neemias, Deus quer usar você

ARIVAL DIAS CASIMIRO

Não existe um trabalho melhor do que o outro para agradar a Deus: despejar água, lavar louça, ser um sapateiro, ou um apóstolo, tudo é igual; lavar pratos e pregar é a mesma coisa para agradar a Deus.
WILLIAM TYNDALE

Não são os grandes homens que transformam o mundo, mas, sim, os fracos e pequenos nas mãos de um grande Deus.
HUDSON TAYLOR

Há muitos membros hoje que não se envolvem no trabalho da igreja, e poucos são os comprometidos. Wesley C. Baker revela que esse é um problema antigo bastante conhecido pela liderança da igreja; 10% dos membros são ativos, e 90% inativos. Ele chama esse fenômeno de "fator beta".[1] Trata-se de um problema crônico presente em várias igrejas locais.

---

[1] Livro publicado em 1965, *The Split-Level Fellowship*, Editora Westminster (Philadelphia). Versão eletrônica.

Mas como solucionar esse problema? Como despertar os membros para se envolverem na obra de Deus e trabalhar em igreja? Quatro sugestões básicas:

- É necessário exigir como condição para tornar-se membro da igreja a pessoa ser um discípulo de Jesus. Todo novo membro deve seguir Cristo no seu caráter, exemplo e atitudes. Dallas Willard, em seu livro *A Grande Omissão*, apresenta-nos as dramáticas consequências de ser cristão sem se tornar discípulo de Jesus. "As igrejas de hoje não exigem como condição de membresia que Cristo seja seguido em seu exemplo, espírito e ensinamentos".[2] O verdadeiro discípulo de Jesus nasce de Deus, através de uma genuína conversão. Trata-se de uma mudança radical de vida que envolve arrependimento de pecados e fé na pessoa de Jesus. Ele é alguém que cresce espiritualmente.

- É imprescindível que todos os crentes tenham vida devocional diária com Deus. Quem depende só dos cultos comunitários semanais não sobreviverá espiritualmente. Vida com Deus é o segredo de uma vida usada por ele. R. A. Torrey escreveu um artigo sobre Moody, "Por que Deus usou D. L. Moody?" As respostas foram: Moody era um homem completamente rendido a Deus, um homem de oração, um estudante profundo e prático da Bíblia, um homem humilde, uma pessoa totalmente livre do amor ao dinheiro, um crente com paixão consumidora pela salvação dos perdidos e um crente cheio do poder do Espírito Santo.[3]

---

[2] WILLARD, Dallas. *A Grande Omissão: as dramáticas consequências de ser cristão sem se tornar discípulo*, p. 19.
[3] *Site* <www.part2prayer.com>.

- É preciso ensinar aos membros da igreja a doutrina do sacerdócio universal dos crentes. A dicotomia que separa "clero" (liderança oficial e ordenada) e "leigos" (o povo da igreja) não tem base bíblica. Todo crente é um sacerdote e tem um ministério a desempenhar no corpo de Cristo. Não há hierarquia de ministérios nem cristão solitário. Todo que está em Cristo é membro do seu corpo e membro da igreja. Isso é um ensino bíblico e teológico, não uma estratégia pragmática.

- É indispensável conscientizar o crente de que Deus tem uma missão no mundo que precisa ser realizada por ele. Pensamos que a nossa missão é aquilo que fazemos ou executamos para Deus. Mas devemos mudar a nossa perspectiva. Christopher J. H. Wright diz: "Assim como a salvação, a missão pertence ao nosso Deus. A missão não é nossa; a missão é de Deus. A missão não foi feita para a igreja, mas a igreja foi feita para a missão — missão de Deus".[4] Uma igreja local só pode ser de Deus se ela participar dos propósitos de Deus no mundo e para o mundo. Deus chama pessoas para realizar a sua missão no mundo. Não é Deus que se encaixa na minha história, minha vida e minha agenda. Mas sou eu que me encaixo na grande história da missão de Deus. Todo cristão é um missionário de Deus.

O propósito deste capítulo é que você decida se consagrar a Deus. Você é um filho, um servo e um súdito do Rei. Você é um mordomo, um trabalhador e um sacerdote do Deus vivo. Ele quer usar você. Consideraremos a vida de Neemias.

---

[4] Logan Jr., Samuel (org.). *Reformado quer dizer missional*, p.11.

DEUS USA PESSOAS QUE SE IMPORTAM COM PESSOAS

Neemias significa "o Senhor consolou". Ele era copeiro ou mordomo de Artaxerxes I (465-424 a.C.), imperador da Pérsia. Era um leigo que possuía um bom emprego, cargo de confiança e de muita influência. Seu pai chamava-se Hacalias. Nada sabemos além disso. Ele não era sacerdote nem tinha ascendência sacerdotal. Também não era um descendente de Davi. Provavelmente, era membro de uma importante família judaica, que foi levada para a Babilônia no exílio em 564 a.C.

É importante lembrar que o povo de Israel voltou da Babilônia para a sua terra em 538 a.C., por decreto de Ciro, rei da Pérsia que havia derrotado a Babilônia (Is 41.2; 44.28). Essa volta aconteceu em três momentos: 1) sob a liderança de Zorobabel, para reconstruir o templo; 2) sob a liderança de Esdras, para ensinar a Lei; 3) e, finalmente, com Neemias, para reconstruir os muros.

No ano 444 a.C., Neemias recebeu em Susã a visita de Hanani, que lhe deu informações sobre os judeus que estavam em Jerusalém.

As palavras de Neemias, filho de Hacalias. No mês de quisleu, no ano vigésimo, estando eu na cidadela de Susã, veio Hanani, um de meus irmãos, com alguns de Judá; então, lhes perguntei pelos judeus que escaparam e que não foram levados para o exílio e acerca de Jerusalém. Disseram-me: Os restantes, que não foram levados para o exílio e se acham lá na província, estão em grande miséria e desprezo; os muros de Jerusalém estão derribados, e as suas portas, queimadas (Ne 1.1-3).

Neemias importou-se o suficiente para perguntar, chorar e orar pelo seu povo. A situação do povo era de pobreza extrema, desprezo e total insegurança. O povo estava abandonado, e ninguém se interessava por ele. Neemias amava o seu povo, mais do que o seu emprego ou a sua posição. Ele era prestativo e colocava os outros acima dos seus interesses pessoais. O sucesso de um líder depende do tamanho de seu interesse pelas pessoas. Theodore Roosevelt disse: "Ninguém se importa com você enquanto não souber quanto você se importa". Madre Teresa afirmou: "A menos que sua vida seja vivida em favor de outros, não vale a pena ser vivida. Uma vida centrada em si mesma é totalmente vazia".

Deus ama as pessoas e quer que façamos o mesmo. Deus resolve levantar Neemias para restaurar e mudar a sorte de Israel. Ele usa aqueles que estão dispostos a suprir as necessidades dos outros. Peter Marshall disse: "A medida da vida não está na sua duração, mas na sua doação. Todos podem ser grandiosos, pois todos podem servir".

DEUS USA PESSOAS QUE ORAM

Deus escolhe pessoas para salvação, frutificação e uma vida de oração (Jo 15.16; Lc 18.7). A maior prova da conversão de uma pessoa é a sua vida de oração. E Deus só usa poderosamente filhos que oram. Neemias era um homem de oração, e há doze orações registradas em seu livro (2.4; 4.4,9; 5.19; 6.9,14; 9.5ss.; 13.14,22,29,31). O seu livro começa e termina com oração.

Hernandes Dias Lopes apresenta os atributos de um intercessor: o intercessor é alguém que sente o fardo dos outros sobre si; que reconhece a soberania de Deus sobre si; que se firma na fidelidade de Deus; que importuna Deus com suas súplicas; que reconhece os seus pecados e os do povo e os confessa; que se estriba nas promessas da palavra de Deus; que associa devoção a ação.[5]

Neemias diz: *Tendo eu ouvido estas palavras, assentei-me, e chorei, e lamentei por alguns dias; e estive jejuando e orando perante o Deus dos céus* (Ne 1.4). A triste situação do seu povo levou Neemias a assentar-se, chorar, jejuar e orar a Deus. A oração de Neemias começa com adoração: *E disse: ah! Senhor, Deus dos céus, Deus grande e temível, que guardas a aliança e a misericórdia para com aqueles que te amam e guardam os teus mandamentos!* (Ne 1.5).

Primeiro, ele se dirige ao "Deus dos céus" (Ed 1.1,2; Ne 2.4,20) ou ao único Deus verdadeiro em comparação com os deuses falsos da terra. Ele é o Deus grande e temível, que cumpre a aliança e as promessas feitas a seu povo.

Segundo, ele confessa os seus pecados e os do povo:

> *Estejam, pois, atentos os teus ouvidos, e os teus olhos, abertos, para acudires à oração do teu servo, que hoje faço à tua presença, dia e noite, pelos filhos de Israel, teus servos; e faço confissão pelos pecados dos filhos de Israel, os quais temos cometido contra ti; pois eu e a casa de meu pai temos pecado. Temos procedido de todo corruptamente contra ti, não temos guardado os mandamentos, nem os estatutos, nem os juízos que ordenaste a Moisés, teu servo* (Ne 1.6,7).

Ele se identifica com o povo como se o pecado fosse também dele.

Terceiro, ele ora baseado naquilo que está escrito na palavra de Deus:

---

[5] Lopes, Hernandes Dias. *Neemias: o líder que restaurou uma nação,* p. 31-38.

Lembra-te da palavra que ordenaste a Moisés, teu servo, dizendo: Se transgredirdes, eu vos espalharei por entre os povos; mas, se vos converterdes a mim, e guardardes os meus mandamentos, e os cumprirdes, então, ainda que os vossos rejeitados estejam pelas extremidades do céu, de lá os ajuntarei e os trarei para o lugar que tenho escolhido para ali fazer habitar o meu nome (Ne 1.8,9).

Ele pede que Deus perdoe o seu povo e o restaure na terra santa. Por um motivo muito simples: *Estes ainda são teus servos e o teu povo que resgataste com teu grande poder e com tua mão poderosa* (Ne 1.10). O pecado não anula a paternidade de Deus sobre os seus filhos. Ele é o Deus da aliança e da promessa. Andrew Murray disse: "A grande coisa na oração é sentir que estamos colocando nossas súplicas no seio do amor onipotente". A oração eficaz é um diálogo entre Pai e filho. C. H. Spurgeon disse: "A verdadeira oração é medida pelo peso, não pelo comprimento. Um único gemido diante de Deus pode ter mais plenitude do que muita oração de grande comprimento".

Quarto, ele pede que Deus escute a sua oração e a daqueles que estão orando. *Ah! Senhor, estejam, pois, atentos os teus ouvidos à oração do teu servo e à dos teus servos que se agradam de temer o teu nome; concede que seja bem-sucedido hoje o teu servo e dá-lhe mercê perante este homem* (Ne 1.11). Ele pede que Deus toque o coração do rei a fim de que receba dele autorização para ir a Jerusalém e também levantar os recursos para a obra. Andrew Murray disse: "Temos de começar a acreditar que Deus, no mistério da oração, confiou-nos uma força que pode mover o mundo celestial e trazer o seu poder à terra".

Neemias era um homem de fé que dependia só de Deus para ajudá-lo. Por isso, ele orava. Sem dúvida, a oração é a maior declaração de impotência que um crente pode apresentar a Deus. Sem oração, jamais poderemos ser usados por Deus.

DEUS USA PESSOAS QUE SE DISPÕEM A TRABALHAR

Deus escolheu e dispôs o coração de Neemias para trabalhar: *Disse-me o rei: Que me pedes agora? Então, orei ao Deus dos céus e disse ao rei: se é do agrado do rei, e se o teu servo acha mercê em tua presença, peço-te que me envies a Judá, à cidade dos sepulcros de meus pais, para que eu a reedifique* (Ne 2.4,5). Ele ora ao Rei celestial obedecendo ao chamado para o trabalho. Depois, ele pede ao rei terreno que lhe permita trabalhar na reedificação de Judá. Neemias busca o favor de Deus por meio do jejum e da oração. Ele ora também para que Deus mova o coração do rei para ajudá-lo. *Como ribeiros de águas assim é o coração do rei na mão do SENHOR; este, segundo o seu querer, o inclina* (Pv 21.1). Neemias busca os recursos do céu e da terra para resolver os problemas do seu povo. O seu propósito era reedificar a cidade em todos os seus aspectos materiais e espirituais. Ele estava pronto e disposto a trabalhar.

Deus não usa pessoas indolentes e preguiçosas. Jesus só chamou para a sua seara pessoas ocupadas. Ele morreu de braços abertos não para que ficássemos de braços cruzados, mas para que colocássemos a mão no arado. Somos trabalhadores do Jesus trabalhador. Hudson Taylor disse: "Há necessidade de nos darmos pela vida do mundo. Uma vida fácil, que a si mesmo não se negue, nunca será poderosa. Produzir frutos exige suportar cruzes. Não há dois cristos: um acomodado para os cristãos acomodados e um que luta e sofre para os cristãos superiores. Há um só Cristo".

O rei Artaxerxes deu a Neemias autoridade, recursos e prazo para que a missão fosse cumprida (Ne 2.6-10). Este serviu como governador durante doze anos (Ne 5.14), quando, então, voltou para prestar contas ao rei da Pérsia. Após um ano, ele retornou a Jerusalém para corrigir alguns abusos (Ne 13.6,7).

O Rei Jesus também nos deu um trabalho para realizar aqui na terra:

> *Jesus, aproximando-se, falou-lhes, dizendo: Toda a autoridade me foi dada no céu e na terra. Ide, portanto, fazei discípulos de todas as nações, batizando-os em nome do Pai, e do Filho, e do Espírito Santo; ensinando-os a guardar todas as coisas que vos tenho ordenado. E eis que estou convosco todos os dias até à consumação do século* (Mt 28.18-20).

Mais poderoso do que qualquer rei do mundo, o Rei Jesus, com sua autoridade suprema, nos dá uma missão a cumprir e garante-nos a sua presença conosco.

O grande pecado da igreja hoje não é o ativismo, mas a inércia. Igrejas locais estão em processo de decadência por causa do pecado da preguiça e da indiferença espiritual. Liderança preguiçosa gera comunidades apáticas e igrejas estacionadas. O tíquete do estacionamento nos lembra que perdemos dinheiro e temos prejuízos quando ficamos parados. Edmundo Burke disse: "Ninguém comete erro maior do que aquele que nada fez porque só podia fazer um pouco". Faça o que puder com aquilo que você tem. Não prejudique o que você tem desejando o que não tem.

DEUS USA PESSOAS QUE TÊM ALGO NO CORAÇÃO PARA REALIZAR

Neemias chega a Jerusalém. Ele diz: *Então, à noite me levantei, e uns poucos homens, comigo; não declarei a ninguém o que o meu Deus me pusera no coração para eu fazer em Jerusalém.*

Não havia comigo animal algum, senão o que eu montava (Ne 2.12). Neemias tem um plano ou um projeto para executar. Ele caminha entre as ruínas para fazer um diagnóstico da situação. Três detalhes: 1) A origem do projeto: *Deus*. O projeto não era de Neemias, mas de Deus. Foi Deus quem lhe deu o projeto, os recursos e a capacidade de realização. 2) A localização do projeto: *me pusera no coração*. O coração é a fonte de todos os desejos e realizações. Tudo quanto fizermos para Deus e na sua obra, devemos realizar com o coração. Quando o coração se envolve, a obra de Deus é bem realizada. 3) A realização e o local do projeto: *para eu fazer em Jerusalém*. Veja que ele diz *para eu fazer*, não para os outros fazerem. O local é bem específico: em Jerusalém. O sucesso é para a pessoa que faz o que pode com o que tem, e o faz onde está. Durante os quatro meses em que orou, Neemias planejou sob a orientação de Deus acerca do que faria em Jerusalém, e fez. Louvado seja o Senhor!

Neemias, antes de mobilizar o povo para o trabalho, faz uma inspeção ou um diagnóstico da real situação:

> *De noite, saí pela Porta do Vale, para o lado da Fonte do Dragão e para a Porta do Monturo e contemplei os muros de Jerusalém, que estavam assolados, cujas portas tinham sido consumidas pelo fogo. Passei à Porta da Fonte e ao açude do rei; mas não havia lugar por onde passasse o animal que eu montava. Subi à noite pelo ribeiro e contemplei ainda os muros; voltei, entrei pela Porta do Vale e tornei para casa* (2.13-15).

Todo plano de trabalho começa pelo diagnóstico. Um líder espiritual usado por Deus precisa conhecer a real situação do seu campo de trabalho. Esse conhecimento deve ser *in loco*, não apenas por informações dos outros. A situação era difícil, mas como diz Sêneca: "Não é porque as coisas são difíceis que não temos ousadia; é porque não temos ousadia que as coisas são difíceis". Impossível é algo que ninguém consegue fazer até que alguém o faça.

DEUS USA PESSOAS DISPOSTAS A PAGAR O PREÇO PARA MUDAR UMA REALIDADE

Toda visão de Deus está conectada com uma realidade. Neemias diz ao povo: *Estais vendo a miséria em que estamos, Jerusalém assolada, e as suas portas, queimadas; vinde, pois, reedifiquemos os muros de Jerusalém e deixemos de ser opróbrio* (Ne 2.17). Três lições: 1) *A realidade*: miséria, assolação e destruição pelo fogo. Não negue a realidade nem fuja dela, mas enfrente-a como ela é. Não busque culpados nem se vitime, mas aceite-a. 2) *O desafio*: vamos trabalhar todos para a reedificação dos muros. Trata-se de um desafio para mudar uma realidade por meio do trabalho. Observe que a transformação só virá pelo envolvimento e esforço de todos. Ninguém deve ficar fora do processo, e o líder deve ser exemplo. 3) *O propósito*: deixar de ser opróbrio, desonra, vexame e humilhação pública. Há um propósito estabelecido, e este atrai e envolve as pessoas. William Cowper disse: "A única felicidade verdadeira surge de nos entregarmos sem reservas a um propósito".

Neemias mobiliza o povo a pagar o preço pela mudança. O preço é a renúncia, a dedicação e o trabalho árduo e extenuante. Os capítulos 3 a 6 de Neemias relatam o esforço feito pelo povo, durante 52 dias, para construir o muro. Há muitas pessoas que fogem das coisas difíceis e procuram só as mais fáceis. A visão é conseguir o máximo com o mínimo esforço. Tais pessoas são boas para falar e ruins para fazer. São especialistas em planejar, mas um fracasso em realizar. No túmulo de Joseph II, rei austríaco, foi escrito: "Aqui jaz um monarca que, com as melhores intenções, não realizou um único plano". Neemias é um entusiasta. E o seu entusiasmo é contagiante. Winston Churchill disse: "Sucesso é ir de um fracasso a outro sem perder o entusiasmo". O mundo é dos entusiastas, pois o entusiasmo nada mais é do que a fé posta em prática. Neemias encoraja o povo, dizendo que a "boa mão" de Deus operava a seu favor e a providência divina gerava os recursos para a realização da obra. *E lhes declarei como a boa mão do meu Deus estivera comigo e também as palavras que o rei me falara. Então, disseram: Disponhamo-nos e edifiquemos. E fortaleceram as mãos para a boa obra* (Ne 2.18). Neemias reconhecia Deus em tudo. Disposição para o trabalho e dependência de Deus são os segredos para realizar a obra. O homem faz a sua parte, e Deus, a dele.

DEUS USA PESSOAS QUE NÃO TEMEM OPOSIÇÃO

A obra de Deus é feita em oposição e sob o ataque do mal. Quando Neemias veio para edificar o muro e transformar a vida dos judeus, de imediato a oposição se levantou: *Disto ficaram sabendo Sambalate, o horonita, e Tobias, o servo amonita; e muito lhes desagradou que alguém viesse a procurar o bem dos filhos de Israel* (Ne 2.10). Desagrada ao Diabo saber que alguém se interessa pelo bem daqueles que são filhos de Deus ou daqueles que estão sofrendo sob a tirania do mal.

Agora, quando a notícia vira fato, a oposição zomba dos trabalhadores de Deus e os despreza: *Porém Sambalate, o horonita, e Tobias, o servo amonita, e Gesém, o arábio, quando o souberam, zombaram de nós, e nos desprezaram, e disseram:*

Que é isso que fazeis? Quereis rebelar-vos contra o rei? (Ne 2.19). A oposição maligna sempre desqualificará o valor da obra que realizamos para Deus e lançará suspeitas sobre as nossas motivações. O Diabo ataca a obra e os obreiros. E o seu objetivo final é parar a obra. Warren W. Wiersbe esboça os conflitos que Neemias enfrentou para realizar a obra: zombaria (4.1-6), conspirações (4.7-9), desânimo (4.10), medo (4.11-23), egoísmo (5.1-19), transigência (6.1-4), maledicência (6.5-9), ameaças (6.10-16) e intrigas (6.17-19).[6] Ele não teve sossego em momento algum. Eram lutas internas e ataques externos.

Como responder à oposição espiritual? *Então, lhes respondi: o Deus dos céus é quem nos dará bom êxito; nós, seus servos, nos disporemos e reedificaremos; vós, todavia, não tendes parte, nem direito, nem memorial em Jerusalém* (Ne 2.20). Três atitudes práticas: 1) *Reconhecer e declarar que o sucesso da obra dependerá de Deus.* O "bom êxito" na terra é um presente do céu. 2) *Mostrar que a obra de Deus é feita exclusivamente pelos seus servos, com disposição e muito trabalho.* A melhor resposta para os críticos é o trabalho. 3) *Rejeitar qualquer ajuda do inimigo.* A obra de Deus é feita pelos seus servos, não por seus inimigos.

CONCLUSÃO

Deus é onipotente e soberano. Ele usa pessoas para cumprir os seus decretos. Nenhum dos seus planos ou projetos pode ser frustrado ou ficar inacabado. Tudo o que ele quer fazer, o faz de forma completa. Tudo o que ele começa, termina.

[6] WIERSBE, Warren W. *Comentário bíblico expositivo — Antigo Testamento*, vol. II, p. 614.

Neemias registra: *Acabou-se, pois, o muro aos vinte e cinco dias do mês de elul, em cinquenta e dois dias. Sucedeu que, ouvindo-o todos os nossos inimigos, temeram todos os gentios nossos circunvizinhos e decaíram muito no seu próprio conceito; porque reconheceram que por intervenção de nosso Deus é que fizemos esta obra* (Ne 6.15,16). A obra de Deus é feita por intermédio de pessoas que ele usa.

Capítulo 6

Timóteo, sofrendo pelo evangelho

ARIVAL DIAS CASIMIRO

A Bíblia não manda que os pecadores procurem a igreja, mas ordena que a igreja saia em busca dos pecadores.

BILLY GRAHAM

A Grande Comissão não é uma opção a ser considerada; é um mandamento a ser obedecido.

HUDSON TAYLOR

A igreja atual pratica um cristianismo hedonista, rejeitando qualquer ideia de sofrimento e martírio. Isso é um reflexo da liderança mais preocupada consigo mesma e com os seus projetos pessoais. Deus, porém, chama-nos e envia-nos para realizar a sua obra com sacrifício e fidelidade. E o sacrifício evidencia a convicção de chamado. Ronaldo Lidório diz: "No reino de Deus, o avanço missionário sempre foi proporcional ao sacrifício, seja de coração ou de vida. Abrir mão de desejos pessoais ou entregar sua vida pela causa do Mestre. O sacrifício em si não resulta em obediência. O que a palavra nos ensina é o sacrifício que advém da obediência".[1] Não

---

[1] LIDÓRIO, Ronaldo. *Restaurando o ardor missionário*, p. 76.

devemos procurar o sacrifício, mas abraçá-lo como algo inerente ao cumprimento da missão. Jesus declara: *Lembrem-se das palavras que eu lhes disse: nenhum escravo é maior do que o seu senhor. Se me perseguiram, também perseguirão vocês. Se obedeceram à minha palavra, também obedecerão à de vocês* (Jo 15.20, NVI). O sofrimento é o preço que pagaremos pela nossa identificação com Cristo e com a realização da missão que ele nos confiou.

Um dos pontos fascinantes da teologia de Paulo é sobre o seu sofrimento e a sua missão de apóstolo. Thomas R. Schreiner diz: "A vida de Paulo como missionário foi marcada desde o início pelo sofrimento. Quando o chamou, Deus lhe prometera que sua missão e seu sofrimento estariam entrelaçados (At 9.15,16), numa demonstração de que o sofrimento era algo intrínseco à sua missão".[2] Por isso, se desejamos compreender a teologia paulina e a sua missão, precisamos estudar acerca do sofrimento de Paulo. Segundo o próprio Paulo, as suas aflições, perseguições e sacrifícios são meios escolhidos por Deus para que o evangelho chegue aos gentios (2Co 4.7-15; Gl 6.17; Ef 3.1,13; Fp 1.12-18). A confissão mais expressiva, com as interpretações mais controversas, feita por Paulo está em Colossenses 1.24: *Agora, me regozijo nos meus sofrimentos por vós; e preencho o que resta das aflições de Cristo, na minha carne, a favor do seu corpo, que é a igreja.* Ele não diz que o sofrimento de Cristo foi incompleto ou que os seus sofrimentos são equivalentes aos de Cristo. O que ele diz é que o seu sofrimento é necessário para que Cristo seja levado aos gentios. Ele fala do preço da proclamação, não da redenção.

---

[2] SCHREINER, Thomas R. *Teologia de Paulo: o apóstolo da glória de Deus em Cristo*, p. 79.

Paulo ensina também que o sofrimento é um privilégio para todo cristão: *pois a vocês foi dado o privilégio de, não apenas crer em Cristo, mas também de sofrer por ele* (Fp 1.29, NVI). O privilégio é o de crer e sofrer. A ligação com Cristo e a execução da missão que ele nos deu implicarão sempre sofrimento, perseguição, resistência e sacrifício.

O EVANGELHO PELO QUAL VALE A PENA SOFRER

A segunda carta de Paulo a Timóteo é uma convocação para a batalha em favor do evangelho. Há um custo pelo esforço incessante de guardar puro o tesouro da fé cristã. Aprendemos na carta que devemos guardar o depósito da fé que nos foi confiado por Deus. Devemos pagar o preço do sofrimento para que o evangelho seja preservado e pregado. Ela é a última carta que Paulo escreveu, no ano 67 d.C., da cidade de Roma. Paulo estava preso aguardando a sua sentença, que foi a pena de morte. Ele se intitula *o encarcerado do Senhor* (2Tm 1.8). A igreja vivia um momento de crise. Externamente, Nero, imperador romano, perseguia os cristãos de forma implacável. Internamente, o número de falsos mestres e hereges aumentava a cada dia (2Tm 1.15). Humanamente falando, o cristianismo poderia ser extinto. Paulo queria que Timóteo fosse o continuador do seu ministério. Ele sabia que iria morrer e preocupava-se com o futuro da obra. Ele apela a Timóteo que guarde o bom depósito (1Tm 6.20) e que continue vivendo, pregando, ensinando e defendendo o evangelho (2Tm 4.1-5). Timóteo deveria pagar o preço não somente de preservar a "sã doutrina", mas de transmiti-la com fidelidade às novas gerações.

O conteúdo de 2Timóteo é uma mensagem de despedida de Paulo para o seu filho na fé. O seu principal objetivo

TIMÓTEO, SOFRENDO PELO EVANGELHO   **103**

era fortalecer e encorajar Timóteo para a tarefa árdua que Paulo ia em breve abandonar. William Hendriksen afirma que o tema principal da carta é a "sã doutrina". Ele a divide em quatro partes: Retenha a sã doutrina (cap. 1). Ensine a sã doutrina (cap. 2). Persevere na sã doutrina (cap. 3). Pregue a sã doutrina (cap. 4).[3] John Stott esboça a mensagem da carta também em quatro exortações, baseadas nos quatro capítulos: 1) Guarde o evangelho! 2) Sofra pelo evangelho! 3) Permaneça no evangelho! 4) Pregue o evangelho.[4] O cerne da carta, independente do esboço, é de encorajamento para a luta espiritual. O versículo-chave é: *Porque Deus não nos tem dado espírito de covardia, mas de poder, de amor e de moderação* (2Tm 1.7).

A igreja estava sob perseguição implacável. Muitos cristãos foram dizimados. Paulo estava preso e consciente de que o seu ministério estava terminando. Tudo isso poderia levar Timóteo a desanimar. Paulo exorta Timóteo, destacando a grandeza do evangelho: *Não te envergonhes, portanto, do testemunho de nosso Senhor, nem do seu encarcerado, que sou eu* (2Tm 1.8). Por mais difícil que seja a situação, nenhum de nós tem motivos para se envergonhar do evangelho de Cristo nem daqueles que são *prisioneiros no Senhor* (Ef 4.1). Pelo contrário, devemos sofrer juntos a favor do evangelho.

Comentando 2Timóteo 1.8-14, William Barclay diz que o evangelho é algo pelo qual vale a pena sofrer.[5] Sete razões são apontadas: 1) É o evangelho do poder: *segundo o poder de Deus* (v. 8). Ele é o poder de Deus para a salvação daquele que crê (Rm 1.16,17), e o poder de Deus capacita o crente a

---

[3] HENDRIKSEN, William. *Comentário de 1 e 2Timóteo e Tito*, p. 172.
[4] STOTT, John. *A mensagem de 2Timóteo*, p. 10.
[5] BARCLAY, William. *Comentário de 1 e 2Timóteo e Tito*, p. 155-160.

104   SOFRIMENTO, O PREÇO DA MISSÃO

vencer todo tipo de sofrimento, perseguição e tribulação (Fp 4.13). A natureza do evangelho é poderosa. 2) É o evangelho da salvação: *que nos salvou* (v. 9). Salvar (*sodzo*) significa "livrar", "libertar" e, consequentemente, dar a vida eterna (Rm 5.9,10; 1Co 1.18,21). 3) É o evangelho do chamado para a santificação: *e nos chamou com santa vocação* (v. 9). Deus nos elegeu e nos chamou para uma vida de santificação (1Co 1.2). O verbo "chamar" (*kletos*) indica um convite irresistível e irrevogável (Rm 11.29; 2Pe 1.10) para a santidade (1Ts 4.7). 4) É o evangelho da eleição graciosa: *não segundo as nossas obras, mas conforme a sua própria determinação e graça que nos foi dada em Cristo Jesus, antes dos tempos eternos* (v. 9). Deus escolheu, antes de o tempo existir, salvar os seus eleitos, graciosamente, por meio de Jesus Cristo (Ef 1.3-12). A origem da salvação é a eleição eterna e incondicional, a natureza da salvação é a graça e o fundamento da salvação é Jesus. 5) É o evangelho de Jesus Cristo: *e manifestada, agora, pelo aparecimento de nosso Salvador Cristo Jesus* (v. 10). A salvação fundamenta-se na obra histórica realizada por Jesus Cristo (Gl 4.4,5). A palavra "aparecimento" (*epifaneia*) refere-se à maior manifestação salvadora de Deus na História. O evangelho é Jesus. 6) É o evangelho da vida e da imortalidade: *o qual não só destruiu a morte, como trouxe à luz a vida e a imortalidade, mediante o evangelho* (v. 10). Primeiro, a obra de Jesus destruiu a morte (a física, a espiritual e a eterna). O verbo "destruiu" (*kartageo*) significa "tornou ineficiente" ou "anulou completamente" (Hb 2.14,15; 1Co 15.55). Segundo, a obra de Jesus "trouxe à luz" (*photidzo* significa "dar à luz", "tornar visível" e "dar a conhecer"; 1Co 4.5) a vida e a imortalidade. 7) É o evangelho do serviço: quem recebe o evangelho se torna um servo, um súdito e um discípulo de Jesus. Quais são as nossas responsabilidades? a) Comunicar o evangelho: *para o qual eu fui designado pregador, apóstolo e mestre* (v. 11). A comunicação do evangelho não é uma opção, mas uma designação vocacional. b) Sofrer pelo evangelho: *e, por isso, estou sofrendo estas coisas* (v. 12). Jesus sofreu para que a salvação fosse concretizada. Ninguém poderia assumir o seu lugar. O seu sofrimento foi expiatório, substitutivo e único. Paulo estava sofrendo, e todo verdadeiro discípulo de Jesus deve sofrer pelo anúncio e pela proclamação do evangelho. c) Zelar pelo evangelho (v. 13,14). Manter e guardar o evangelho e a sã doutrina é responsabilidade de todo crente.

Todo cristão é um missionário e deve pagar o preço de sofrer pelo evangelho. Jim Elliot foi um herói da fé para a igreja atual. Ele e outros quatro missionários cristãos foram assassinados por nativos equatorianos em 1956. Esse fato inspirou a vocação de muitos missionários. Porém, pouco se fala do irmão mais velho de Jim, Bert Elliot, que trabalhou no Peru por 62 anos. Ele e sua esposa, Colleen Collison, chegaram ao Peru em 1949 e trabalharam até 2012, ano da morte de Bert. Eles trabalharam na selva peruana e plantaram cerca de 150 igrejas. Em 1988, o casal se estabeleceu em Trujillo, onde plantou uma igreja e fundou uma escola — Colégio Cristão Elliot — em homenagem ao seu irmão Jim. Bert era um homem humilde. Disseram a ele: "Ninguém conhece você, e seu irmão é um herói famoso". Bert respondeu: "Eu prefiro não ser um herói". Eis o testemunho humilde de um homem que gastou a sua vida pelo evangelho.

O FORTIFICANTE DA GRAÇA

Paulo escreve a segunda carta para fortalecer e animar Timóteo. Tal como um pai que se preocupa com a saúde do seu

106 SOFRIMENTO, O PREÇO DA MISSÃO

filho, ele recomenda o fortificante da graça. *Tu, pois, filho meu, fortifica-te na graça que está em Cristo Jesus* (2Tm 2.1). Aprendemos três verdades nesse versículo: 1) *Uma relação afetiva*: *Tu, pois, filho meu*. Paulo tinha Timóteo como um filho espiritual na fé. A expressão "filho meu" revela que Paulo foi o instrumento de Deus para a conversão de Timóteo. Este fez parte da equipe missionária de Paulo (At 16.1-5) junto com Tito, outro filho na fé (Tt 1.4). Paulo amava Timóteo como um pai ama seu filho. 2) *Uma necessidade*: *fortifica-te*. O verbo "fortificar" (*endonamoo*) significa "revigorar", "dar energia", "adquirir forças". O verbo é um imperativo no tempo presente, que indica uma ordem contínua. Timóteo precisa tomar o fortificante espiritual continuamente, todos os dias. O combate da fé é uma batalha espiritual que exaure todas as nossas forças espirituais e físicas. Um detalhe importante nesse mandamento é que Paulo responsabiliza Timóteo pela busca de poder para realizar o seu ministério. Deus disponibiliza os recursos da sua graça, mas cada crente é responsável pela busca de poder. 3) *Um fortificante*: *a graça que está em Cristo Jesus*.

Primeiro, Paulo conhecia a graça de Deus. Das 170 ocorrências da palavra "graça" (*charis*), mais de cem foram usadas por Paulo. F. Fisher afirma que Paulo entende a graça como "Deus que age de acordo com o seu próprio caráter e sua própria existência". A graça não é um atributo da divindade, mas o "próprio Deus". A graça é inseparável de Jesus. É a "graça de Cristo" ou "a graça de nosso Senhor Jesus Cristo". O Senhor Jesus é *cheio de graça* (Jo 1.14), e a graça veio por meio dele (Jo 1.17). Nós recebemos de Jesus *graça sobre graça* (Jo 1.16), graça ilimitada, transbordante e superabundante (Rm 5.17; 2Co 9.14). É pela graça que recebemos todas as bênçãos materiais e espirituais. A graça salva-nos, santifica-nos e glorifica-nos (Ef 2.8; Rm 5.2).

TIMÓTEO, SOFRENDO PELO EVANGELHO **107**

Segundo, Paulo se fortalecia na graça. Ele foi um homem privilegiado por Deus, pois recebia graça transbordante. Para que ele se mantivesse humilde, Deus colocou na sua vida um "espinho na carne" (2Co 12.7-10). Era alguém que se opunha a ele e o machucava muito. Paulo orou várias vezes, mas Deus não lhe tirou o problema. *Então, ele me disse: A minha graça te basta, porque o poder se aperfeiçoa na fraqueza. De boa vontade, pois, mais me gloriarei nas fraquezas, para que sobre mim repouse o poder de Cristo* (2Co 12.9). A graça de Deus é que nos capacita a suportar qualquer tipo de dificuldade.

Resumindo, Paulo ordena a Timóteo buscar recursos para o seu ministério fora de si mesmo. Se depender da sua capacidade pessoal, não conseguirá realizar o seu ministério. Ele precisa da força da graça que reside em Cristo.

Primeiro, o fortificante da graça para fazer o serviço (2Tm 2.2-7)

Paulo encoraja Timóteo a tomar o fortificante da graça porque ele tem um serviço árduo para realizar. Timóteo foi exortado a conservar e guardar a fé, mas, agora, deve passar a fé adiante: *E o que de minha parte ouviste através de muitas testemunhas, isso mesmo transmite a homens fiéis e também idôneos para instruir a outros* (2Tm 2.2). Aqui há uma cadeia de ensino: Paulo recebeu de Cristo o depósito da fé: o evangelho e a sã doutrina (Gl 1.11,12). Paulo, por sua vez, confiou essa mesma fé a Timóteo (2Tm 1.12,13). Timóteo deve transmitir a homens fiéis (crentes e confiáveis) e idôneos (compatíveis com o ensino). Trata-se do discipulado pessoal que envolve esforço e dedicação completa. A essência do ministério pastoral é fazer discípulos (Mt 28.19,20). O treinamento de discipulado é imitar Jesus como pastor, na compaixão que ele sentia pelas ovelhas (Mt 9.36). O seu objetivo é levar o crente a ser e viver como Jesus (Gl 4.19).

Paulo destaca que nesse serviço teremos que servir como um soldado, lutar como um atleta e trabalhar como um lavrador.

Servir como um soldado

Paulo diz: *Participa dos meus sofrimentos como bom soldado de Cristo Jesus. Nenhum soldado em serviço se envolve em negócios desta vida, porque o seu objetivo é satisfazer Aquele que o arregimentou* (2Tm 2.3,4).

Primeiro, a figura do soldado. Para os romanos e gregos, a vida era uma batalha, e cada cidadão, um soldado. Sêneca disse: "Viver é ser um soldado". Epíteto afirmou: "A vida de todo homem é uma espécie de militância, uma batalha grande e variada". Paulo via o ministério como uma batalha e a vida cristã como uma guerra. Ele chamou Arquipo e Epafrodito de *companheiros de lutas* (Fm 2; Fp 2.25) e ordenou a Timóteo *combater o bom combate* (1Tm 1.18).

Segundo, ele apresenta três características do soldado: 1) *O soldado está condicionado para o sacrifício. Participa dos meus sofrimentos como bom soldado* (2Tm 2.3). O soldado cristão está exposto ao sofrimento da guerra. Ele pode sofrer um ataque a qualquer instante e deve estar pronto a sofrer e dar a sua vida em defesa da fé. 2) *O soldado prioriza a sua missão. Nenhum soldado em serviço se envolve em negócios desta vida* (2Tm 2.4). Quem é soldado não pode comprometer-se com outras ocupações. John Stott comenta: "O que se proíbe ao bom soldado de Cristo não são as atividades seculares, mas os envolvimentos em negócios desta vida que, mesmo sendo perfeitamente inocentes, o impeçam de lutar as batalhas de Cristo. Este conselho se aplica especialmente ao pastor ou ministro cristão".[6] 3) *O soldado está preso ao compromisso da fidelidade.* Quando alguém é convocado para o exército de Cristo, o seu objetivo de vida passa a ser agradar ao Senhor que o convocou. O bom soldado cristão é fiel a Jesus.

Lutar como um atleta

Paulo continua: *Igualmente, o atleta não é coroado se não lutar segundo as normas* (2Tm 2.5). O atleta de qualquer modalidade, ao competir, deve obedecer às regras da competição. Ele não cria as suas próprias regras, mas submete-se à autoridade esportiva. Ele jamais será um campeão se correr quebrando regras. O cristão é um atleta que obedece à palavra de Deus. Ele nega a si mesmo para correr de forma disciplinada (1Co 9.24-27). Devemos correr a corrida cristã e combater o bom combate da fé obedecendo à palavra de Deus.

Trabalhar como um lavrador

Agora, Paulo fala que Timóteo deve trabalhar como um agricultor: *O lavrador que trabalha deve ser o primeiro a participar dos frutos* (2Tm 2.6). Se o atleta deve competir com honestidade, o lavrador deve trabalhar diligentemente. O verbo "trabalhar" indica "um esforço até o ponto da exaustão" (1Ts 2.9). Devemos trabalhar arduamente na "lavoura de Deus" (1Co 3.6-9). A preguiça é a desgraça de um pastor e a desmoralização do seu ministério. Não devemos ser preguiçosos, pois isso é pecado. Se o obreiro é um trabalhador fiel, deve ser o primeiro a comer da colheita (1Co 9.7). Digno é o obreiro que trabalha de receber o seu sustento. Indigno aos olhos de Deus é aquele que não trabalha e quer receber sustento da igreja.

[6] Sтотт, John. *A mensagem de 2Timóteo.* São Paulo: Abu Editora, 1995, p. 45.

Paulo encerra esse trecho ordenando a Timóteo: *Pondera o que acabo de dizer, porque o Senhor te dará compreensão em todas as coisas* (2Tm 2.7). Ele une a ponderação humana à iluminação divina. Medite no ensino inspirado, e Deus iluminará a sua mente. Leiamos a Bíblia, oremos, e Deus nos dará compreensão.

Segundo, fortificado para suportar o sofrimento do serviço (2Tm 2.8-13)

O serviço em prol do evangelho produz sofrimento. Mas o sofrimento é uma condição para a bênção. Não há coroa sem cruz. Não há glória sem sofrimento. Por isso, Timóteo deve lembrar-se de duas pessoas e inspirar-se nelas:

Lembrar-se de Jesus

Olhe para o exemplo de Jesus: *Lembra-te de Jesus Cristo, ressuscitado de entre os mortos, descendente de Davi, segundo o meu evangelho* (2Tm 2.8). Ele é o exemplo maior que devemos seguir no ministério. Jesus Cristo, depois de experimentar o sofrimento e a morte, ressuscitou e está reinando com Deus. Ele vive e reina. Ele é Deus, por isso venceu a morte. Ele é Rei, pois é da semente de Davi. Tertuliano disse: "O homem que teme o sofrimento não pode pertencer àquele que sofreu". Jesus é o nosso modelo de sofrimento vitorioso. Jesus morreu por ser fiel à vontade de Deus; e o cristão também deve obedecer à mesma vontade de Deus em quaisquer situações.

Lembrar-se de Paulo

Paulo, por causa do evangelho, sofre no cárcere. Ele está sob cadeias, grilhões e algemas. Ele sofre aprisionado como se fosse um bandido ou criminoso. Há três consolos em tudo isso:

TIMÓTEO, SOFRENDO PELO EVANGELHO

1) *Ele está preso, mas a palavra de Deus está livre: pelo qual estou sofrendo até algemas, como malfeitor; contudo, a palavra de Deus não está algemada* (2Tm 2.9). Prende-se o missionário, mas a palavra do Senhor está livre para cumprir a sua missão. 2) *Ele está sofrendo, mas os eleitos de Deus que são salvos estão felizes: Por esta razão, tudo suporto por causa dos eleitos, para que também eles obtenham a salvação que está em Cristo Jesus, com eterna glória* (2Tm 2.10). A salvação dos eleitos faz que suportemos todo sofrimento por ter proclamado o evangelho. 3) *Ele está unido a Cristo na morte e na vida: Fiel é esta palavra: Se já morremos com ele, também viveremos com ele; se perseveramos, também com ele reinaremos; se o negamos, ele, por sua vez, nos negará; se somos infiéis, ele permanece fiel, pois de maneira nenhuma pode negar-se a si mesmo* (2Tm 2.11-13). Os dois primeiros versículos dizem: morremos com ele, para vivermos para ele; perseveramos no sofrimento, para reinarmos com ele. Os dois últimos são taxativos: ele é justo para negar aqueles que o negam e fiel para punir aqueles que abandonam a fé e a sã doutrina.

CONCLUSÃO

Concluo este capítulo convocando o povo de Deus a conhecer, viver, defender e pregar o evangelho de Cristo Jesus. Aos líderes, digo que precisamos pagar o preço de levar esse evangelho às novas gerações. Precisamos passar a tocha da fé para os nossos filhos e netos. Dificuldades insuportáveis nos levarão a conquistas extraordinárias. Não dá mais para fugir ou procrastinar. Joseph Nilton diz: "O dever do qual nos esquivamos é como uma dívida que não foi paga: só é adiada. No fim de tudo, precisamos retornar e acertar as contas".

Capítulo 7

Consolo na tribulação

ARIVAL DIAS CASIMIRO

O sofrimento e o martírio devem ser vistos como parte dos planos de Deus; são seus instrumentos, por meio dos quais realiza os seus propósitos na História e pelos quais cumpre seu propósito final em relação ao homem.

JOSEF TSON

O sofrimento é insuportável se você não tiver certeza de que Deus é para você e com você.

TIM KELLER

Theodore Roosevelt disse: "Nunca houve um homem que viveu de maneira fácil e cujo nome seja digno de ser relembrado". Francisco Otaviano, poeta do século 19, escreveu em seus versos:

Quem passou pela vida em branca nuvem
E em plácido descanso adormeceu,
Quem não sentiu o frio da desgraça,
Quem passou pela vida e não sofreu,
Foi espectro de homem, não foi homem,
Só passou pela vida, não viveu.

CONSOLO NA TRIBULAÇÃO 113

Se Deus o chamou para ser seu discípulo, você não terá uma vida fácil. A vida com Deus exige o preço do sacrifício, da provação e do martírio. Lembre-se apenas de que, quanto mais sofrimento, mais conforto divino. Quando chegamos ao nosso limite, Deus visita-nos com a providência do seu consolo. Jesus é a fonte da nossa alegria e do nosso encorajamento. John Wesley disse: "A piedade azeda é a religião do Diabo".

John Stott diz que as oito características do discípulo de Cristo são: inconformismo, semelhança com Cristo, maturidade, cuidado com a criação, simplicidade, equilíbrio, dependência e morte.[1] A morte, última característica, é para o discípulo radical não o término da vida, mas a entrada para ela. E uma das áreas em que o princípio da vida mediante a morte opera é a de missões. Isso fez Paulo declarar que, por meio da sua morte, muitos viverão. Ele diz: *De modo que, em nós, opera a morte, mas, em vós, a vida* (2Co 4.12). É por meio do martírio de muitos missionários que a igreja cristã cresce no mundo.

A Igreja Presbiteriana do Brasil, por exemplo, iniciou-se pelo trabalho de um missionário: Ashbel G. Simonton (1833-1867). Ele chegou ao Brasil em 12 de agosto de 1859, vindo dos Estados Unidos. Seus sofrimentos foram intensos nos oito anos em que viveu aqui. Ele enfrentou a barreira da língua e da cultura. Perdeu a sua mãe, que morava nos Estados Unidos. Sua esposa, Helen Murdok, morreu nove dias após o nascimento de sua filha. Simonton morreu aos 34 anos, em São Paulo, por causa da febre amarela. Apesar de tantas lutas, o seu trabalho floresceu: ele plantou igrejas, organizou um presbitério, criou um seminário teológico e fundou um jornal evangélico. Ele lançou os fundamentos do presbiterianismo

---

[1] STOTT, John. *O discípulo radical*. Viçosa – MG: Editora Ultimato, 2010.

no Brasil, que é hoje uma das maiores denominações históricas do país. Poucas semanas antes da sua morte, esse missionário pioneiro escreveu uma carta para a família. Ele encerra a carta com um testemunho: "Eu outrora ocupava-me muito em traçar e modificar planos e projetos para o futuro. Agora quase tenho abandonado isso. Acho que tenho menos que fazer com a minha própria vida do que pensava então, e com isso estou agora muito contente. Aquele que a dirige é meu eterno Pai, e ele faz tudo bem."[2]

O cristão sofre, mas é consolado. Ele é um escravo da alegria. De acordo com o Novo Testamento, a alegria é uma característica do cristão. A palavra "alegria" aparece sessenta vezes no Novo Testamento, e "regozijo", 72. A alegria cristã não depende das circunstâncias e é imune a provações e sofrimentos. F. R. Maltby disse que Cristo prometeu três coisas aos seus discípulos: "eles serão absurdamente felizes, completamente destemidos e constantemente atribulados".[3] A alegria cristã é fruto do Espírito Santo e a base de todo contentamento e consolo espiritual.

A TEOLOGIA DO CONSOLO

Há na Bíblia um ensino precioso e necessário para a alma humana: a teologia da consolação. A sua origem é divina, a sua natureza é sobrenatural, o seu caráter é espiritual e o seu objetivo é animar as almas cansadas. O encorajamento bíblico não pode ser comparado às filosofias de autoajuda nem às terapias da psicanálise. Ele é único, inigualável e exclusivo. Ele é necessário, suficiente e infalível.

---

[2] ARAÚJO, Simonton César. *Ashbel Green Simonton: Sermões escolhidos*, p. 143.
[3] DRESCHER, John. *Fruto do Espírito: alegria*, p. 10.

A segunda carta de Paulo aos Coríntios é um manual de encorajamento pastoral. Ela foi escrita no ano 56 d.c., da província da Macedônia. É a carta mais pessoal de Paulo, onde ele revela os seus sentimentos e sofrimentos ministeriais. É a confissão de um pastor perseguido. Através dela, podemos olhar para a alma de um pastor vocacionado por Deus, suas angústias e como ele foi consolado por Deus. É uma carta de consolo e encorajamento espiritual para todos os que enfrentam tribulações. A palavra-chave dessa epístola é "consolar". O verbo aparece dezoito vezes, e o substantivo, onze vezes. Ela começa e termina com consolo (2Co 1.3; 13.11). Deus é a fonte e o doador de todo tipo de encorajamento e ajuda. E o versículo-chave da carta é: *Então, ele me disse: A minha graça te basta, porque o poder se aperfeiçoa na fraqueza. De boa vontade, pois, mais me gloriarei nas fraquezas, para que sobre mim repouse o poder de Cristo* (2Co 12.9). A graça de Deus é o meio pelo qual vem toda consolação.

Usaremos a passagem de 2Coríntios 1.3-11 para refletir sobre essa teologia. O tema dessa passagem é "consolo". Nos versículos 3-7, o verbo aparece quatro vezes, e o substantivo, seis. Consolação (*paraklesis*) significa "conforto" e "encorajamento" (Rm 15.4,5; Hb 6.18). Não há texto no Novo Testamento mais rico e cheio de encorajamento como esse.

A ORIGEM DO CONSOLO

Todo consolo vem de Deus. Por isso Paulo inicia com louvor à pessoa de Deus: *Bendito seja o Deus* (2Co 1.3). Trata-se de uma forma judaica de louvor a Deus, reconhecendo-o como a fonte de todas as bênçãos. *Bendito seja o Senhor, Deus de Israel, da eternidade para a eternidade! Amém e amém!* (Sl 41.13). *Bendito seja o Senhor, Deus de Israel, porque visitou e*

116 SOFRIMENTO, O PREÇO DA MISSÃO

redimiu o seu povo (Lc 1.68). É uma expressão de adoração e gratidão a Deus, que nos abençoa com toda sorte de bênçãos. *Bendito o Deus e Pai de nosso Senhor Jesus Cristo, que nos tem abençoado com toda sorte de bênção espiritual nas regiões celestiais em Cristo* (Ef 1.3). Por que Deus é bendito? Por quem ele é: 1) *Ele é o Pai de nosso Senhor Jesus Cristo.* Ele é o Pai de Jesus, o Pai dos cristãos e o Pai de toda a criação. Matthew Henry diz: "Deus é o Pai da natureza divina de Cristo pela geração eterna. Ele é também o Pai da sua natureza humana pela concepção miraculosa no ventre da virgem, e de Cristo como Deus-homem, e nosso Redentor, pela relação de aliança, nele e por meio dele como Mediador, nosso Deus e nosso Pai (Jo 20.17)"[4]. Para os crentes em Jesus, Deus é o nosso Pai, fonte da nossa vida e do nosso crescimento espiritual. 2) *Ele é o Pai de misericórdias.* Na língua hebraica, "pai" é aquele que "dá origem a". Deus é o Pai de misericórdias, pois só ele é misericordioso e todas as misericórdias provêm dele. Davi orou: *Compadece-te de mim, ó Deus, segundo a tua benignidade; e, segundo a multidão das tuas misericórdias, apaga as minhas transgressões* (Sl 51.1). Deus tem prazer em derramar misericórdia sobre nós. O profeta declara: *Quem, ó Deus, é semelhante a ti, que perdoas a iniquidade e te esqueces da transgressão do restante da tua herança? O* Senhor *não retém a sua ira para sempre, porque tem prazer na misericórdia* (Mq 7.18). A palavra "misericórdia" descreve o que Deus sente, em seu coração, por nós, miseráveis pecadores. Dar o que não se merece, isso é *graça.* Não dar o que se merece, isso é *misericórdia!* 3) *Ele é*

---

[4] Henry, Matthew. *Comentário Bíblico Novo Testamento – Atos a Apocalipse.* Rio de Janeiro: CPAD, 2008, p. 514.

o Deus de toda consolação. Deus é o sujeito que consola. Ele é quem pessoalmente encoraja, anima e ajuda. Ele é agente ativo de toda consolação. *Não temas, porque eu sou contigo; não te assombres, porque eu sou o teu Deus; eu te fortaleço, e te ajudo, e te sustento com a minha destra fiel* (Is 41.10). A palavra grega para "consolador" denota o ato de ficar ao lado de uma pessoa para encorajá-la enquanto ela está suportando sofrimentos. Ela é aplicada ao Pai, mas Jesus chama o Espírito de o "Consolador" (Jo 14.16,25; 15.26; 16.7). A palavra grega traduzida por "Consolador" ou "Auxiliador" era usada na linguagem jurídica para o advogado de defesa (1Jo 2.1), isto é, alguém que ajudava ou apoiava um réu. O sentido ganha amplitude, pois o Espírito, assim como Jesus, não apenas é um advogado, mas uma pessoa que provê encorajamento, conselho, força, entusiasmo, motivação e poder. A palavra "toda" indica que não há carência que Deus não possa suprir. O sofrimento é um ladrão. Ele rouba a sua vitalidade, o seu ânimo e a sua esperança. O desânimo é a insatisfação com o passado, o desgosto com o presente e a desconfiança do futuro. Mas, não importa o tamanho do seu desânimo, Deus é poderoso para confortá-lo e enchê-lo de todo encorajamento. Deus está sempre pronto a consolar os seus filhos, quaisquer que sejam as dificuldades.

O ALVO DO CONSOLO

Por que Deus é bendito? Por aquilo que ele faz. *É ele que nos conforta em toda a nossa tribulação* (2Co 1.4). O alvo do conforto de Deus são seus filhos que estão sofrendo. Principalmente aqueles que estão obedecendo à Grande Comissão. "A nossa" tribulação refere-se a Paulo e a seus companheiros missionários. O sofrimento não é apenas o preço, mas a condição para fazermos a obra de Deus. *Então, sereis atribulados, e vos matarão. Sereis odiados de todas as nações, por causa do meu nome* (Mt 24.9). A palavra "tribulação" indica o sofrimento de alguém que está sob um "peso esmagador". O pronome "ele" indica que Deus não somente é a origem, mas também o agente da consolação. Ele pessoalmente nos consola. O verbo "conforta" está no presente contínuo, indicando que o seu consolo e encorajamento são constantes e permanentes.

Precisamos ouvir Deus através das tribulações. C. S. Lewis disse: "Deus fala na nossa consciência, sussurra nos nossos prazeres e grita na nossa tribulação. A tribulação é o megafone de Deus para um mundo surdo". Deus também está conosco nas tribulações. Ele nos manda ir e vai conosco. Precisamos perceber a companhia de Deus na tribulação.

O PROPÓSITO DO CONSOLO

Deus nos consola para podermos consolar outros que sofrem: *para podermos consolar os que estiverem em qualquer angústia* (2Co 1.4). Somos consolados por Deus na tribulação para podermos consolar outros que estão em tribulação. Quanto mais Deus nos conforta, mais podemos confortar os outros. Deus trabalha em nós para poder trabalhar por meio de nós. Somos canais da consolação divina.

William Ward disse: "Existem três chaves para uma vida mais abundante: cuidar dos outros, ousar em favor de outros e partilhar com outros". Não há ocupação mais nobre do que consolar e encorajar os outros. Veja o que Paulo e Barnabé fizeram: *E, tendo anunciado o evangelho naquela cidade e feito muitos discípulos, voltaram para Listra, e Icônio, e Antioquia, fortalecendo a alma dos discípulos, exortando-os a permanecer firmes na fé; e mostrando que, através de muitas tribulações, nos importa entrar no reino de Deus* (At 14.21,22). O evangelho de Jesus é a "boa-nova das tribulações e das consolações". O consolo de Deus é para nós e de nós para os outros. Muitos gostariam de ter um ministério pessoal, mas não sabem por onde começar. Esse versículo bíblico sugere que o seu ministério pessoal comece compartilhando com os outros o que Deus tem compartilhado com você. Isso significa que há pessoas em sua vida que precisam de ajuda que só você pode dar. Alguns precisam de uma palavra de encorajamento, e você é o único que pode lhes dar essa palavra.

A NATUREZA DO CONSOLO

Paulo explica: *com a consolação com que nós mesmos somos contemplados por Deus* (2Co 1.4). A natureza do consolo é divina, não humana. Não são as palavras humanas que irão consolar, mas o próprio Deus. *Não temas, ó vermezinho de Jacó, povozinho de Israel; eu te ajudo, diz o Senhor, e o teu Redentor é o Santo de Israel* (Is 41.14). Deus garante: *eu te ajudo*. O "Redentor" (*goel*) é o parente que, juridicamente, possuía autoridade, recursos e poder para libertar outro membro da família que passava por dificuldades. O Santo de Israel é o nosso Redentor. Ele nos liberta de todo medo e de toda opressão. George Mueller nos adverte: "Tenha a certeza de que, se você andar com Deus, olhar para ele e esperar ajuda dele, ele nunca vai deixá-lo".

Deus encoraja por meio do Espírito Santo e da palavra, usando pessoas. *Consolai-vos, pois, uns aos outros com estas palavras* (1Ts 4.18). A consolação que usaremos para consolar outros é a mesma com a qual fomos consolados por Deus. É como se fôssemos canais por onde o consolo sobrenatural e espiritual de Deus passa até chegar aos outros. João Calvino disse: "As riquezas do Espírito não são para serem guardadas para nós mesmos, mas sempre que alguém as recebe deve também passá-las a outrem".

O LIMITE E A PROPORÇÃO DO CONSOLO

Paulo continua: *Porque, assim como os sofrimentos de Cristo se manifestam em grande medida a nosso favor, assim também a nossa consolação transborda por meio de Cristo* (2Co 1.5). O consolo de Deus aqui limita-se aos sofrimentos e aflições por causa de Cristo. Não é qualquer tipo de sofrimento. Há sofrimentos que são decorrentes da desobediência a Deus, por isso são disciplinas aplicadas pelo Pai. Simon Kistemaker diz: "Estes são os sofrimentos pelos quais os seguidores de Cristo passam em prol da sua igreja e do seu reino".[5]

A proporção do consolo que recebemos de Deus é maior que todos os sofrimentos que podemos passar por causa de Cristo. Observe que "sofrimentos" está no plural e "consolo", no singular, ou seja, se os sofrimentos são numerosos, o consolo dado por meio de Cristo excede toda e qualquer agonia. O sofrimento é grande por causa de Cristo, mas, proporcionalmente, o consolo é transbordante por meio de Cristo.

A GARANTIA DO CONSOLO

O consolo está garantido: *A nossa esperança a respeito de vós está firme, sabendo que, como sois participantes dos sofrimentos, assim o sereis da consolação* (2Co 1.7). Quem participa do sofrimento tem a garantia por parte de Deus de que participará da consolação. Quem leva a cruz receberá a coroa. Nas

---

[5] Kistemaker, Simon. *2Coríntios*, p. 66.

palavras de Bonhoeffer: "A morte não é o fim. É o supremo festival no caminho da libertação".

Paulo tem uma esperança inabalável quando contrasta a tribulação com a glória: *Porque a nossa leve e momentânea tribulação produz para nós eterno peso de glória, acima de toda comparação* (2Co 4.17). A tribulação é leve e momentânea, temporária e insignificante, em comparação com a glória futura. A duração dos nossos sofrimentos nesta vida é passageira ou fugaz, até que o Senhor venha ou nós vamos ao encontro dele através da morte. A glória é eterna, pesada e incomparável. O termo "peso" (*barós*) denota tanto "peso" como "plenitude" de glória que excede todos os limites e todas as medidas. *Porque para mim tenho por certo que os sofrimentos do tempo presente não podem ser comparados com a glória a ser revelada em nós* (Rm 8.18).

A PRÁTICA DO CONSOLO

Paulo entendia que as tribulações são inevitáveis e têm um propósito divino. Mas como experimentar o consolo de Deus no meio da tribulação? Para exemplificar o poder consolador de Deus, Paulo conta, em 2Coríntios 1.8-11, sobre uma tribulação que teve na Ásia.

Primeiro, todo serviço para Deus é acompanhado por muita tribulação

Porque não queremos, irmãos, que ignoreis a natureza da tribulação que nos sobreveio na Ásia (2Co 1.8). Paulo não estava em um balneário na Ásia, mas pregando o evangelho e cumprindo a sua vocação ministerial. Ele sofreu porque a tribulação é algo inseparável da obra de Deus. Tribulações são permitidas e controladas por Deus, mas jamais estaremos imunes a elas. Dois detalhes importantes: 1) Paulo quer que

122 SOFRIMENTO, O PREÇO DA MISSÃO

os irmãos saibam ou fiquem informados sobre os seus sofrimentos. O martírio dos cristãos põe fogo na igreja. Latimer e Ridely, lutadores heroicos em prol da Reforma da igreja, foram condenados à morte. Amarrados às estacas, sentindo as dores das primeiras queimaduras, encorajavam-se mutuamente. A certa altura, Latimer gritou, dirigindo-se a Ridely: "Estamos acendendo uma fogueira na Inglaterra que jamais se apagará". 2) Paulo destaca a natureza da tribulação: *a natureza da tribulação que nos sobreveio na Ásia*. Várias sugestões: o motim instigado por Demétrio (At 19.23-41), luta contra feras selvagens (1Co 15.32), aprisionamento pelos romanos (2Co 11.23) e chicotadas aplicadas por cortes judaicas (2Co 11.24). Não sabemos qual a tribulação, mas sabemos o local, Ásia Menor (Éfeso, a capital), e a intensidade: *porquanto foi acima das nossas forças*. A tribulação foi tão intensa que gerou desespero, sem escapatória da própria vida.

Segundo, Deus nos capacita para suportarmos as tribulações

Paulo diz que o seu sofrimento foi maior do que a sua capacidade humana de resistir, a ponto de levá-lo a achar que iria morrer (2Co 1.8). Contudo, quando a nossa força se esvai, o poder de Deus entra em ação: *já em nós mesmos, tivemos a sentença de morte, para que não confiemos em nós, e sim no Deus que ressuscita os mortos* (2Co 1.9). Ao morrermos para o ego e chegarmos ao limite da nossa fraqueza, o poder da ressurreição de Deus começa a operar. O poder de Deus capacita o crente a suportar qualquer tipo e intensidade de tribulação.

Paulo ilustra a conversão usando o vaso que guarda tesouros: *Temos, porém, este tesouro em vasos de barro, para que a excelência do poder seja de Deus e não de nós* (2Co 4.7). Três lições:

CONSOLO NA TRIBULAÇÃO 123

1) *O evangelho é um tesouro valiosíssimo.* Conhecer Deus por meio de Jesus é achar um tesouro escondido ou uma pérola de grande valor. É possuir a maior riqueza desta vida (Jr 9.23,24). 2) *Deus esconde esse tesouro em vasos de barro.* O vaso, assim como o corpo humano, é um artefato feito do barro ou do pó da terra. A ideia é a de que o tesouro valioso é guardado em recipientes frágeis e sem valor. 3) *Deus faz isso para revelar a excelência do seu poder.* Isso é feito para demonstrar o poder extraordinário de Deus, que se manifesta em nossas fraquezas.

Terceiro, Deus nos livra das tribulações

Paulo diz: *o qual nos livrou e livrará de tão grande morte; em quem temos esperado que ainda continuará a livrar-nos* (2Co 1.10). O verbo "livrar" (*rhyomai*) significa "puxar", "arrastar pelo chão", com o intuito de livrar e resgatar do perigo. Aplica-se a Deus libertando os seus santos dos perigos desta vida (Mt 6.13; Cl 1.13). Paulo usa o verbo nos três tempos: passado (livrou), futuro (livrará) e presente (livra-nos), para mostrar o completo livramento de Deus.

Quarto, os benefícios das tribulações

As joias do crente são as suas provações. O tesouro dos justos são as suas tribulações. Paulo encerra falando sobre os dois benefícios que a tribulação produz: *ajudando-nos também vós, com as vossas orações a nosso favor, para que, por muitos, sejam dadas graças a nosso respeito, pelo benefício que nos foi concedido por meio de muitos* (2Co 1.11). 1) *A tribulação motiva-nos à oração.* Paulo orou, e os crentes oraram por ele. E Deus o livrou em resposta às orações feitas. A expressão "ajudando-nos também vós" (*sunupourgeo*) retrata um grupo de trabalhadores carregando juntos um grande fardo. Eis o poder de orarmos uns pelos outros. 2) *Deus é glorificado por meio de nossas tribulações*. O livramento de Paulo da morte gerou um coro de gratidão e louvor a Deus, entoado por todos: *invoca-me no dia da angústia; eu te livrarei, e tu me glorificarás* (Sl 50.15).

CONCLUSÃO

A obra de Deus continua, e devemos gastar a nossa vida para realizá-la. Tal como uma vela acesa a se queimar, que a nossa vida seja consumida para abençoar aqueles que estão ao nosso redor.

Conta-se que certo dia um fósforo disse a uma vela: — Eu tenho a tarefa de acender você.

Assustada, a vela respondeu:

— Não, isso não! Se eu for acesa, os meus dias estarão contados. Ninguém vai mais admirar a minha beleza.

O fósforo perguntou:

— Você prefere passar a vida inteira inerte e sozinha, sem ter experimentado a vida?

— Mas queimar dói e consome as minhas forças — sussurrou a vela, insegura e apavorada.

— É verdade — respondeu o fósforo —, mas esse é o segredo da nossa vocação. Nós somos chamados para ser luz! O que eu posso fazer é pouco. Se não acender você, perco o sentido da minha vida. Existo para acender o fogo. Você é uma vela: existe para iluminar os outros, para aquecer. Tudo o que você oferecer através da dor, do sofrimento e do seu empenho será transformado em luz; você não acabará ao se consumir pelos outros. Outros passarão o seu fogo adiante. Só quando você se recusar é que de fato morrerá!

Quer saber o que aconteceu? Dizem que, em seguida, a vela afinou o seu pavio e disse, cheia de alegria: — Então peço a você: acenda-me!

Capítulo 8

Pedro, o sofrimento faz parte da missão

ARIVAL DIAS CASIMIRO

*Eu nunca soube o significado da palavra de Deus,
até que entrei em aflição. Sempre achei que ela
é o meu melhor professor.*

Lutero

*O que a obediência não conseguir, a perseguição
conseguirá. Deus faz a perseguição servir à igreja.*

John Piper

O tema do sofrimento humano é vasto e possui muitas vertentes. O nosso foco aqui é o sofrimento da igreja na realização da obra missionária. Antes de entrar nesse ponto, identificamos na Bíblia algumas informações sobre o sofrimento:

- O sofrimento entrou na história humana através do pecado original. Todos sofrem por causa do pecado, que gera a dor, os gemidos e a morte.
- Em sua soberania, Deus usa o sofrimento para punir o ímpio e disciplinar sua igreja. O sofrimento é um dos poucos aspectos da vida que todos experimentam.

- Deus usa o sofrimento para provar a fé do seu povo, gerando perseverança e crescimento espiritual.
- Deus também usa o sofrimento para revelar o seu poder. Na Bíblia, há muitos registros de pessoas necessitadas que foram curadas, libertas e transformadas pelo poder de Deus.

Mas qual é o papel do sofrimento na obra missionária? O preço do avanço missionário é imenso. Envolve renúncia, sacrifício e até martírio. Há um preço a ser pago para o avanço da igreja, e este é o sofrimento. Não se trata de um masoquismo espiritual, que busca o sofrimento e nele se compraz. Não é isso. Vejamos como o sofrimento se relaciona com missões.

O sofrimento é parte inerente da missão da igreja

O sacrifício é inerente ao cumprimento da missão. *E acautelai-vos dos homens; porque vos entregarão aos tribunais e vos açoitarão nas suas sinagogas; por minha causa sereis levados à presença de governadores e de reis, para lhes servir de testemunho, a eles e aos gentios.* [...] *Sereis odiados de todos por causa do meu nome; aquele, porém, que perseverar até ao fim, esse será salvo* (Mt 10.17,18,22). No cumprimento da missão, por causa do nome de Jesus, o cristão será perseguido pelas religiões, pelo Estado, pelos familiares e por toda a sociedade sem Deus. Não há missões sem lutas, tribulações, angústias, perseguições e martírio. Por isso Jesus coloca a perseguição como uma bem-aventurança (Mt 5.10-12).

O sofrimento é usado para forçar a igreja a sair das quatro paredes e fazer missões

A igreja em Jerusalém acomodou-se, limitando-se ao lugar do seu surgimento. Deus permitiu o apedrejamento de Estêvão,

PEDRO, O SOFRIMENTO FAZ PARTE DA MISSÃO

e Lucas registra: *Naquele dia, levantou-se grande perseguição contra a igreja em Jerusalém; e todos, exceto os apóstolos, foram dispersos pelas regiões da Judeia e Samaria* (At 8.1). A dispersão produzida pela perseguição levou os crentes a pregar o evangelho por toda parte. John Piper diz: "O sofrimento da igreja é usado por Deus para recolocar o batalhão missionário em lugares para onde ele poderia de outro modo não ter ido. Deus empurra a igreja para o serviço missionário pelo sofrimento que ela suporta".[1] Infelizmente, constatamos que a prosperidade e a abundância são mais prejudiciais à igreja do que a perseguição. John Piper chama isso de "a inércia do conforto, a apatia da abundância". Ele diz:

A lição é que o conforto, a folga, a abundância, a prosperidade, a segurança e a liberdade com frequência causam tremenda inércia na igreja. As mesmas coisas que consideramos capazes de produzir obreiros, energia e investimento criativo de tempo e dinheiro para a causa missionária produzem, no entanto, exatamente o oposto: fraqueza, apatia, letargia, egoísmo e preocupação com a segurança.[2]

O sofrimento é um instrumento para ensinar a obediência

O autor aos Hebreus diz: *embora sendo Filho, aprendeu a obediência pelas coisas que sofreu* (Hb 5.8). Jesus aprendeu a obediência na escola do sofrimento. Ele foi obediente até a morte, e morte de cruz. Jesus rendeu a sua vontade para obedecer somente à vontade de Deus.

---

[1] PIPER, John e TAYLOR, Justin. *O sofrimento e a soberania de Deus*, p. 83.
[2] Ibid., p. 84.

Cristo teve de sofrer para que no sofrimento pudesse aprender a obedecer e abdicar da sua vontade em favor do Pai a qualquer custo. Ele teve de aprender a obediência para que, como nosso grande Sumo Sacerdote, pudesse ser aperfeiçoado. Ele aprendeu a obediência, tornou-se obediente até a morte, para que pudesse tornar-se o autor da nossa salvação. Ele se tornou o autor da salvação através da obediência, para que pudesse salvar aqueles que lhe obedecem.[3]

Para Jesus, a obediência era um princípio de vida. Ele veio ao mundo só para obedecer ao Pai (Jo 4.34; 5.30; 6.38; Fp 2.5-8). Jesus sofreu tentações tremendas em todas as coisas (Hb 4.15; 7.26), mas não pecou.

Há um sofrimento relacionado à morte do eu que todo cristão deve enfrentar. Todo cristão deve pagar o preço da renúncia total. *Dizia a todos: Se alguém quer vir após mim, a si mesmo se negue, dia a dia tome a sua cruz e siga-me. Pois quem quiser salvar a sua vida perdê-la-á; quem perder a vida por minha causa, esse a salvará* (Lc 9.23,24). *Assim, pois, todo aquele que dentre vós não renuncia a tudo quanto tem não pode ser meu discípulo* (Lc 14.33). Andrew Murray explica: "A mais preciosa lição [...] sobre a obediência é ver esta necessidade dessa morte total para o eu, tornando-se disposto a morrer completamente para si mesmo, sendo conduzido ao pleno autoesvaziamento, à humildade do Senhor Jesus".[4]

UMA CARTA À IGREJA PERSEGUIDA

A primeira carta de Pedro faz parte do grupo de cartas do Novo Testamento chamadas de Cartas Universais (Tiago, 1 e

---

[3] MURRAY, Andrew. *Escola da obediência*, p. 34.
[4] Ibid., p. 88-89.

PEDRO, O SOFRIMENTO FAZ PARTE DA MISSÃO   **129**

2Pedro, 1, 2 e 3João e Judas). A palavra "universal" foi usada pela igreja primitiva para esse grupo de cartas pelo fato de elas não terem sido endereçadas a uma única localidade, mas a todas as igrejas. Ela é uma carta amorosa, escrita por um pastor carinhoso que tenta ajudar o seu rebanho que atravessa dificuldades. Edgar J. Goodspeed disse: "A primeira carta de Pedro é uma das mais comovedoras peças da literatura do período da perseguição". Ela é uma "carta de esperança", e Pedro é o "apóstolo da esperança". E, segundo ele, cada cristão deve estar pronto para responder a todo aquele que lhe pedir a razão dessa esperança (1Pe 3.15).

A primeira carta de Pedro foi escrita entre os anos 63 e 64 d.C., provavelmente da cidade de Roma, chamada figuradamente de "Babilônia" (1Pe 5.13; Ap 17.5; 18.10). O seu tema é a esperança. O seu objetivo principal é encorajar os cristãos perseguidos a manterem acesa a chama da esperança. Nero colocou fogo em Roma e lançou a culpa nos cristãos. Consequentemente, uma impetuosa perseguição iniciou-se contra os cristãos, espalhando-se por todo o Império Romano.[5] Pedro refere-se ao sofrimento dos destinatários pelo menos em quinze ocasiões. Eles sofrem uma perseguição cada vez pior (1.6; 2.12,19-21; 3.9,13-18; 4.1,12-19). Ele os chama de *eleitos* ou *escolhidos* de Deus. Eles são integrantes da igreja de Deus e do povo escolhido: *Vós, porém, sois raça eleita, sacerdócio real, nação santa, povo de propriedade exclusiva de Deus, a fim de proclamardes as virtudes daquele que vos chamou das trevas para a sua maravilhosa luz* (1Pe 2.9). Esses *eleitos* são *forasteiros,* indicando que eles estão de passagem pelo mundo, mas não são do mundo. Passam por um período de perseguição

[5] MACARTHUR JR., John. *Manual bíblico MacArthur,* p. 538-540.

e sofrimento. O termo "dispersão" (diáspora) era usado em relação aos judeus que viviam fora da Palestina. Aqui Pedro o utiliza para se referir aos judeus e gentios cristãos dispersos no Ponto, Galácia, Capadócia, Ásia e Bitínia, regiões que faziam parte do Império Romano na época.

Com o propósito de focar nosso tema, destacaremos duas lições sobre o sofrimento, com base em duas passagens.

O sofrimento é provação que alimenta a esperança (1Pe 1.3-12)

A vida é uma escola que prepara o crente para a eternidade. Nós crescemos e aprendemos a confiar em Deus na escola da provação. Um velho violinista explicou por que seu violino tinha grande qualidade. Ele era feito de certo tipo de madeira de uma árvore europeia. Mas nem todas as árvores daquele tipo produziam bons violinos como o dele. "As árvores na floresta, protegidas por outras árvores, não produziriam", disse ele. "Os bons violinos são fabricados com madeira das árvores que crescem em ladeiras, que são envergadas pelos ventos, que são castigadas pelo sol, cujas raízes têm que penetrar profundamente no solo em busca de água e que têm que ser robustas para sobreviver". Assim também é a vida dos cristãos: crescem mais aqueles que são mais provados.

Aprendemos na Bíblia e pela experiência diária que a provação produz paciência e esperança. Pedro apresenta três dimensões da esperança para todos os cristãos que estão sendo provados por Deus.

Primeiro, nascidos para a esperança (1Pe 1.3,4)

Pedro inicia dizendo: *Bendito o Deus e Pai de nosso Senhor Jesus Cristo, que, segundo a sua muita misericórdia, nos regenerou para uma viva esperança, mediante a ressurreição de Jesus Cristo dentre os mortos* (v. 3). Quatro verdades merecem destaque: 1) *Deus deve ser louvado pela excelência da sua pessoa.* Ele é o Pai de Jesus e nosso Pai porque cremos em Jesus. Devemos bendizê-lo também por causa das suas bênçãos. Estes são os dois pilares da adoração verdadeira: bendizer a Deus por aquilo que ele é e pelo que ele tem feito. Deus é Pai e merece a nossa honra e o nosso louvor. Deus é Pai perfeito e bondoso que merece toda a nossa gratidão. 2) *Deus deve ser louvado porque é o autor da nossa regeneração.* Ele nos fez nascer de novo ou nos deu um novo nascimento espiritual. O Espírito Santo é o agente da regeneração, e a palavra de Deus é o instrumento pelo qual somos regenerados. A base da regeneração é a obra de Jesus. 3) *O objetivo da nossa regeneração foi criar em nós uma viva esperança.* Fomos regenerados por Deus para uma viva e imortal esperança. Trata-se de uma esperança que tem vida e que não se extingue com o tempo ou por causa de sofrimentos e perseguições. É algo pessoal, vivo e ativo que aguarda com paciência e disciplina a revelação de Jesus. A nossa esperança não é um sentimento, mas a pessoa de Cristo. 4) *A base da nossa esperança é a ressurreição de Jesus.* A ressurreição de Jesus Cristo é o fundamento da nossa regeneração e da nossa viva esperança. Sem a ressurreição de Jesus, não haveria a regeneração e não teríamos esperança. Pedro chama essa esperança de "herança": *para uma herança incorruptível, sem mácula, imarcescível, reservada nos céus para vós outros* (v. 4). Por meio da ressurreição de Jesus, ganhamos uma herança espiritual, que está guardada no céu e mantida em absoluta segurança por Deus. Essa herança possui três características: Ela é incorruptível ou algo que não perece, não apodrece nem deteriora. Ela é imaculável, puríssima, absolutamente limpa, isenta de sujeira ou contaminação. Ela é imarcescível, algo que não murcha, não se desvanece e não pode ser extinto.

Segundo, guardados para a esperança (1Pe 1.5)

Deus nos protege com o objetivo de permanecermos na esperança: *que sois guardados pelo poder de Deus, mediante a fé, para a salvação preparada para revelar-se no último tempo* (v. 5). A palavra-chave desse versículo é "guardados", indicando uma proteção militar constante e infalível. Pela fé, somos guardados pelo poder de Deus. Todo que nasceu de Deus recebe a sua proteção: *Aquele que nasceu de Deus o guarda, e o Maligno não lhe toca* (1Jo 5.18). Deus é o guarda fiel do seu povo em toda e qualquer circunstância.

Duas perguntas sobre a proteção e a segurança de Deus precisam ser respondidas: 1) *Como somos guardados?* Somos guardados pelo poder de Deus através da fé. Trata-se de uma proteção sobrenatural e eterna. O poder de Deus é inerente à sua pessoa. Por isso o salmista declara: *O Senhor é quem te guarda; o Senhor é a tua sombra à tua direita. De dia não te molestará o sol, nem de noite, a lua. O Senhor te guardará de todo mal; guardará a tua alma. O Senhor guardará a tua saída e a tua entrada, desde agora e para sempre* (Sl 121.5-8). Observe que a proteção de Deus é pessoal, espiritual, ininterrupta, infalível e completa. 2) *Para que somos guardados?* Somos guardados para a salvação plena e definitiva (*soteria*). A palavra "salvação" engloba vários significados: libertação dos perigos da vida (Mt 8.25), libertação de doenças (Mt 9.21), libertação da condenação divina (Mt 24.13) e libertação do poder do pecado (Mt 1.21). Essa salvação completa e total já está preparada e será experimentada plenamente quando Jesus voltar.

PEDRO, O SOFRIMENTO FAZ PARTE DA MISSÃO   **133**

Terceiro, vivendo a esperança (1Pe 1.6-9)

A esperança é uma atitude diária do cristão. A melhor maneira de desfrutarmos a viva esperança é por meio das provações. Paulo ensina que a esperança cristã é resultado da tribulação ou da provação (Rm 5.3-5). Pedro usa o termo "provações" em lugar de "tribulações" ou "perseguições", pois trata dos problemas gerais que enfrentamos: *Nisso exultais, embora, no presente, por breve tempo, se necessário, sejais contristados por várias provações* (v. 6). Cinco lições importantes:

- *As provações são variadas.*
  Várias provações significam "todo tipo de provações". Provações com pessoas, com acontecimentos imprevistos, com doenças e com tentações espirituais. Várias são as lutas. No caso dos leitores de Pedro, esses crentes lutavam contra a perseguição, que envolvia morte e espoliação de todos os seus bens. Há um provérbio chinês que diz: "O diamante não pode ser polido sem fricção, nem o homem pode se aperfeiçoar sem o sofrimento".

- *As provações são passageiras.*
  As provações são presentes e passageiras: *no presente, por breve tempo.* Elas fazem parte da vida cristã. Enquanto estivermos aqui, seremos provados (At 14.22). "O cristão está entrando em provação, em meio à provação ou saindo da provação para entrar novamente".

- *As provações são necessárias.*
  As provações são necessárias: *se necessário.* Deus é quem sabe e quem define que provações precisamos enfrentar (1Co 10.13). E elas são necessárias para o nosso aperfeiçoamento espiritual (Tg 1.2-4).

134 SOFRIMENTO, O PREÇO DA MISSÃO

- *As provações entristecem.*
  As provações são dolorosas: *sejais contristados*. Isso significa que as provações causam dor aguda e profunda tristeza (Mt 26.37). Somente a viva esperança pode nos ajudar nos momentos difíceis, como, por exemplo, o da morte de uma pessoa querida. As provações são dolorosas muitas vezes.
- *As provações são pedagógicas.*
  Uma fé que não pode ser testada não é confiável. Deus usa as provações para moldar o nosso caráter cristão e nos preparar para a glória futura. Pedro apresenta quatro objetivos de Deus com as provações: 1) *Ele usa a provação para testar a autenticidade da nossa fé* (v. 7). Através do fogo da provação, a nossa fé se revela mais valiosa que o ouro. E essa fé testada e valiosa resulta em louvor e adoração a Deus (At 16.25). 2) *Ele usa a provação para aumentar o nosso amor por Jesus* (v. 8). E o verdadeiro amor é derramado em nosso coração pelo Espírito Santo, principalmente quando estamos em tribulação (Rm 5.5). 3) *Ele usa a provação para que confiemos mais em Cristo* (v. 8). O crente vive pela fé, que se fundamenta no invisível. Jesus é real, mas invisível hoje para nós. A fé vê o invisível, crê no incrível e recebe o impossível. 4) *Ele usa a provação para produzir alegria no nosso coração.* A alegria inexprimível e gloriosa de Deus é uma dádiva que recebemos do Senhor (Rm 15.13). E a razão dessa alegria é que, já nesta vida, alcançamos o objetivo da nossa fé: a nossa salvação por intermédio de Jesus Cristo (v. 8,9). Hoje, pela fé, já estamos salvos. É possível experimentar hoje a salvação de Deus.

Pedro encerra o primeiro bloco da sua carta (v. 10-12) destacando quão grande é a nossa salvação. Ela foi o assunto

PEDRO, O SOFRIMENTO FAZ PARTE DA MISSÃO   135

mais estudado pelos profetas, de Moisés a Malaquias. Eles *indagaram, inquiriram, investigaram e profetizaram* sobre a salvação pela graça. A salvação também foi tema da inspiração do Espírito Santo. Ele inspirou os profetas e os apóstolos, focando principalmente os sofrimentos e a glória de Cristo (Lc 24.26,27). Logo, a salvação é o conteúdo da pregação feita pelos cristãos, no poder do Espírito Santo.

O sofrimento faz parte da vontade de Deus (1Pe 4.12-19)

Matthew Henry disse: "A obra de um cristão é dupla: fazer a vontade de Deus e sofrer o que lhe apraz". Pedro fala do "fogo ardente", ou da perseguição que os cristãos estavam sofrendo por parte das autoridades romanas. O seu objetivo foi consolar os crentes mostrando-lhes que aquele sofrimento fazia parte da vontade divina. Ele ensina quatro atitudes para sobreviver ao sofrimento:

Primeira: esperar o sofrimento

Pedro declara: *Amados, não estranheis o fogo ardente que surge no meio de vós, destinado a provar-vos, como se alguma coisa extraordinária vos estivesse acontecendo* (v. 12). Observe alguns detalhes: 1) *O sofrimento não significa ausência do amor divino.* Pedro chama os seus leitores de "amados", pois o amor de Deus não nos isenta de sofrimentos e provações (Jo 11.3,5). 2) *O sofrimento não deve ser estranhado, mas encarado resignadamente.* Ele é algo normal ao cristão, enquanto estiver neste mundo (Jo 15.18,19). Deus está no controle, e qualquer coisa que acontece com um cristão coopera para o seu bem (Rm 8.28). 3) *O sofrimento tem um propósito.* Pedro diz: *destinado a provar-vos*. Todo sofrimento é útil para o nosso crescimento (1Pe 1.6,7).

Segunda: alegrar-se no sofrimento

Pedro ensina: *pelo contrário, alegrai-vos na medida em que sois coparticipantes dos sofrimentos de Cristo, para que também, na revelação de sua glória, vos alegreis exultando. Se, pelo nome de Cristo, sois injuriados, bem-aventurados sois, porque sobre vós repousa o Espírito da glória e de Deus* (v. 13,14). Ele quer que nos alegremos, pois o sofrimento significa comunhão com Cristo hoje, garante glória no futuro, possibilita o consolo sobrenatural do Espírito Santo e permite que Deus seja glorificado por meio da nossa vida.

Terceira: avaliar o sofrimento

Na fornalha da perseguição, o cristão deve examinar a causa ou as razões do seu sofrimento. Ninguém deve sofrer pela prática do mal (v. 15,16). O sofrimento por causa de Cristo ou por obediência à sua palavra é uma felicidade (Mt 5.10-12). Não há vergonha em sofrer por causa de Cristo (Mc 8.38). Pedro faz uma declaração interessante: *Porque a ocasião de começar o juízo pela casa de Deus é chegada; ora, se primeiro vem por nós, qual será o fim daqueles que não obedecem ao evangelho de Deus? E, se é com dificuldade que o justo é salvo, onde vai comparecer o ímpio, sim, o pecador?* (v. 17,18). Dois ensinos: 1) O juízo de Deus vem sobre todos, obedientes e desobedientes ao evangelho. Deus começa o seu julgamento aplicando a disciplina sobre a sua igreja. Todos, porém, comparecerão perante o tribunal de Cristo para a prestação de contas (2Co 5.10). 2) É melhor para o homem suportar o "fogo da provação" nesta vida, utilizado por Deus como instrumento de purificação, do

PEDRO, O SOFRIMENTO FAZ PARTE DA MISSÃO 137

que suportar o sofrimento eterno no "lago de fogo", por rejeitar o evangelho de Deus (Ap 20.11-15). C. H. Spurgeon disse: "Se os santos são disciplinados tão severamente, que justiça se aplicará ao pecador francamente desafiante?"

Quarta: entregar-se a Deus

Pedro encerra o seu ensino sobre o sofrimento dizendo: *Por isso, também os que sofrem segundo a vontade de Deus encomendem a sua alma ao fiel Criador, na prática do bem* (v. 19). O verbo "encomendar" é um termo bancário que significa "depositar em total confiança algo que é precioso" (2Tm 1.12). Quatro perguntas: 1) *Quem deve encomendar?* Aqueles que sofrem segundo a vontade de Deus. O crente que sofre por ser crente e por fazer aquilo que é correto (Mt 5.10-12; Fp 1.29). 2) *O que encomendar?* A sua alma. Os ganhos materiais deste mundo de nada valem se a pessoa perder a sua alma (Lc 9.25). No sofrimento, devemos olhar mais para a proteção da nossa alma do que para a preservação do nosso corpo. 3) *A quem encomendar?* Ao fiel Criador. O corpo de toda pessoa que morre volta ao pó, e o seu espírito volta para Deus, o Criador (Ec 12.7). Ele é quem supre fielmente todas as necessidades do seu povo (Mt 6.24-34). 4) *Como encomendar?* Praticando o bem. O cristão sofre por obedecer à palavra de Deus e praticá-la. Não devemos nos cansar de fazer o bem (2Ts 3.13).

CONCLUSÃO

Sofrer como cristão é um privilégio que deve ser esperado e valorizado. Sofra pacientemente, entregando-se a Deus e praticando o bem. Pedro resume:

Todo cristão foi chamado para uma vida de sofrimento: Porquanto para isto mesmo fostes chamados (1Pe 2.21). Jesus preveniu os seus discípulos de que o servo não é maior que o seu senhor e que, assim como o mundo odiava e perseguia a pessoa dele, também eles seriam perseguidos (Jo 15.20). Todo cristão, por causa da sua identificação com Cristo, tem um chamado para o sofrimento (Fp 1.29). Não existe discipulado sem a cruz, símbolo do sofrimento por causa do nosso compromisso com Cristo.

Todo cristão deve seguir o exemplo deixado por Cristo: [...] *pois que também Cristo sofreu em vosso lugar, deixando-vos exemplo para seguirdes os seus passos* (1Pe 2.21). Pedro usa a figura educacional de uma criança que aprende a escrever utilizando-se de um "caderno de caligrafia". A palavra "exemplo" (*jyprogrammos*) se refere "aos contornos claros das letras sobre os quais os alunos que estavam aprendendo a escrever faziam os seus traços, e também a um conjunto de letras escritas no alto da página ou outro texto qualquer para ser copiado pelo aluno no resto da página". Devemos escrever a nossa vida copiando o modelo de Jesus.

Referências bibliográficas

(usadas por Hernandes Dias Lopes)

Barclay, William. *Hechos de los Apostoles*. Buenos Aires: Editorial La Aurora, 1974.

Barclay, William. *Mateo*. Vol. 1. Buenos Aires: Editorial La Aurora, 1973.

Earle, Ralph. *Livro de Atos dos Apóstolos*. Em: *Comentário Bíblico Beacon*. Vol. 7. 2005.

Gonzalez, Justo L. *Atos*. São Paulo: Editora Hagnos, 2011.

Jones, Martyn Lloyd. *Estudos no Sermão do Monte*. São José dos Campos, SP: Editora Fiel, 1984.

Lopes, Hernandes Dias. *Panorama da História da Igreja*. São Paulo: Editora Candeia, 2005.

MacArthur, Jr., John. *O caminho da felicidade*. São Paulo: Cultura Cristã, 2001.

Marshall, I. Howard. *Atos: Introdução e Comentário*. São Paulo: Mundo Cristão, 1982.

Neves, Mário. *Atos dos Apóstolos*. São Paulo: Casa Editora Presbiteriana, 1971.

Pohl, Adolph. *Atos dos Apóstolos*. Curitiba: Editora Esperança, 2002.

Stern, David H. *Comentário Judaico do Novo Testamento*. São Paulo: Atos, 2008.

Stott, John. *A Mensagem de Atos*. São Paulo: ABU Editora, 2005.

WATSON, Thomas. *The Beatitudes.* Carliste, Pennsylvania: The Banner of Truth Trust, 2000.

WIERSBE, Warren W. *Comentário Bíblico Expositivo.* Vol. 5. 2006.

WHITELAW, Thomas. *The Preacher's Homiletic Commentary on the Acts of the Apostles.* Vol. 25. Grand Rapids, MI: Baker Books, 1996.

Referências bibliográficas

(usadas por Arival Dias Casimiro)

BARCLAY, William. *Hechos de los Apostoles*. Buenos Aires: Ediciones Aurora, 1984.

_____. *I y II Timoteo, Tito y Filemon*. Buenos Aires: Ediciones Aurora, 1983.

HENDRIKSEN, William. *1Timóteo, 2 Timóteo e Tito*. São Paulo: Cultura Cristã, 2001.

HENRY, Matthew. *Comentário Bíblico Novo Testamento – Atos a Apocalipse*. Rio de Janeiro: CPAD, 2008.

KISTEMAKER, Simon. *2Coríntios*. São Paulo: Cultura Cristã, 2004.

LOGAN JR., Samuel (org.), *Reformado quer dizer missional*. São Paulo: Cultura Cristã, 2015.

LOPES, Hernandes Dias. *Neemias: o líder que restaurou uma nação*. São Paulo: Hagnos, 2006.

MACARTHUR JR., John. *Manual bíblico MacArthur*. São Paulo: Thomas Nelson, 2015.

MURRAY, Andrew. *Escola da obediência*. São Paulo: Editora dos Clássicos, 2011.

PIPER, John e TAYLOR, Justin. *O sofrimento e a soberania de Deus*. São Paulo: Cultura Cristã, 2014.

SCHREINER, Thomas R. A. *Teologia de Paulo: o apóstolo da glória de Deus em Cristo*. São Paulo: Vida Nova, 2015.

Stott, John. *A mensagem de 2Timóteo*. São Paulo: ABU Editora, 1995.

_____. *O discípulo radical*. Viçosa, MG: Ultimato, 2011.

Willard, Dallas. *A Grande Omissão: as dramáticas consequências de ser cristão sem se tornar discípulo*. São Paulo: Mundo Cristão, 2008.

Wiersbe, Warren W. *Comentário bíblico expositivo — Antigo Testamento, vol. II*. Santo André, SP: Geográfica Editora, 2007.

Sua opinião é importante para nós. Por gentileza, envie seus comentários pelo e-mail editorial@hagnos.com.br

Visite nosso site: www.hagnos.com.br

Esta obra foi impressa na Imprensa da Fé.
São Paulo, Brasil.
Verão de 2021.